Alfred Klatte

Um Strassburg herum

Beschreibung der Umgebung Strassburgs einschliesslich Strassenbahnen, Strassburg-Markolsheim und Strassburg-Truchtersheim. Ein Beitrag zur Heimatskunde.

Alfred Klatte

Um Strassburg herum

Beschreibung der Umgebung Strassburgs einschliesslich Strassenbahnen, Strassburg-Markolsheim und Strassburg-Truchtersheim. Ein Beitrag zur Heimatskunde.

ISBN/EAN: 9783743449244

Hergestellt in Europa, USA, Kanada, Australien, Japan

Cover: Foto ©ninafisch / pixelio.de

Manufactured and distributed by brebook publishing software (www.brebook.com)

Alfred Klatte

Um Strassburg herum

Partie bei Fuchs am Buckel.

Um Strassburg herum.

Beschreibung
der
Umgebung Strassburgs
einschliesslich
der
Strassenbahnen Strassburg - Markolsheim
und
Strassburg - Truchtersheim.

Ein Beitrag zur Heimatskunde.

Mit sechs Bildern und einem Umgebungskärtchen.

Von

Alfred Klatte.

STRASSBURG i. E.
Verlag von W. Heinrich.
1892.

Meinem Chef

Herrn Pascal David

in hoher Verehrung gewidmet.

Der Verfasser.

Vorwort.

Die Anregung zu diesem vielfach gewünschten Handbüchlein gab mir mein hochverehrter Chef, Herr Pascal David, Chefredacteur der „Strassburger Post", und ihm verdanke ich auch viele Mitteilungen über einzelne Wege, die von mir nicht gekannt waren.

Es möge mir gestattet sein, ihm hiermit meinen innigsten Dank auszusprechen.

Das vorliegende Büchlein macht keinen Anspruch auf Vollständigkeit. Bei dem grossen Umfang der Umgebung Strassburgs waren nicht alle Wege aufzunehmen. Sollten etwa kleine Irrtümer sich eingeschlichen haben, so bitte ich den Leser, mir darüber gütigst Mitteilung machen zu wollen, damit für eine spätere Abänderung gesorgt werden kann.

Zur Ausführung der historischen Auseinandersetzungen benutzte ich:

Topographia Alsatia von Mathaeus Merianus;
Edelsasser Cronik von B. Hertzog;
Silbermann. Strassburg;
Kraus, Kunst und Altertum in Elsass-Lothringen;
Aufschlager, „L'Alsace" und
Krieger, Topographie von Strassburg.

Die meisten Photographieen fertigte Apotheker Blume mit Apparaten von Meyer & Wanner hier an.

Möge das Werkchen nun gute Dienste leisten.

Strassburg, März 1892.

Alfred Klatte.

Strassburgs Umgebung bietet so viel Anziehendes, dass es sich wohl nicht allein für Strassburgs Bewohner, sondern auch für fremde Besucher unserer Stadt lohnt, ihre Schritte vor die Thore zu lenken. Es gibt da Sehenswertes in grosser Menge und verschiedener Art und darunter auch Puncte, die wirklich interessant sind. Der grösseren Uebersicht wegen haben wir die einzelnen Spazirgänge von den verschiedenen Thoren ausgehend beschrieben. Es ist dies die bequemste Weise, und unser Handbuch bietet jedem Suchenden sofort die nötige Auskunft dar. Und nun wollen wir die verschiedenen Spazirgänge gemeinsam machen.

Vom Metzgerthor.

Wandern oder fahren wir mit der Strassenbahn durch das Metzgerthor über die Polygonstrasse durch Neudorf (vom Metzgerthor bis zur protestantischen Kirche 1,9 km) an dem Exercirplatz Polygon (0,6 km) vorbei nach Neuhof (Haltestelle eingangs des Dorfes [1,4 km — von Neudorf protestantische Kirche 2,0 km] Fahrpreis 25 Pfg.), so überlegen wir hier an der Strassengabelung, ob wir uns rechts wenden wollen, um am Forsthaus Fasanengarten (+1,7 km) und an der Papiermühle Ganzau (+ 0,7 km) vorbei den Neudorfer Wald (+ 0,5 km) und das Forsthaus Oberjägerhof (+ 1,1 km) zu erreichen oder ob wir durch die Hauptstrasse des Dorfes Neuhof bis zur zweiten Kirche (vom Eingang 1,1 km) schreiten oder fahren wollen (der gleiche Fahrpreis), um von dort am Forsthaus Breitlach (0,6 km) vorbei in 0,1 km den Neuhöfler Wald und nach einer Strecke von 2 km das Forsthaus Oberjägerhof zu erreichen. Wer schöne Waldgänge aufsuchen will, der halte sich eingangs des Waldes gleich links. Es gibt aber da viele verzwickte Wege, die in der Regel an einem Wasserlauf endigen. Den besten Weg bietet das Rohrschollenstrüssel, das schon vor Jahrhunderten bekannt war. Silbermanns Localchronik erwähnt bereits die verschiedenen Namen der Gewanne, durch welche der dortige Rheinwald eingeteilt wird. So finden wir den

„grossen und den kleinen Bauerngrund, das Köpfel am langen Weidenbaum, den Rohrschollen, bei dessen unterster Eck sich der Rhein in zween Aerme theilet, deren der eine, so rechter Seits, der Hundsfelder Rhein, der andere aber, so linker Seits, der grosse tiefe Giessen genannt wird, an der rechten Seite des Hundsfelder Rhein liegt gegen Goldscheuer, der sogenannte Saukopf, linker Seits aber die Rauchau und Scherau. Unterhalb der Rauchau liegt auf jenseitigem Selbland der Muckenwadel, so an den Kehler Bann stosset".

Zwei Minuten hinter Neuhof ist links vom Wege zum Walde die vielbesuchte und empfehlenswerte Restauration „Waldschlösschen", eine reizend am Waldesrand gelegene Besitzung.

Durch die Gewanne des Waldes zieht der Hochwasserdamm, der zumeist als Weg benutzt wird. Durch schönen Wald führt auch das Bauerngrundsträssel. Das Ruchauer Strässel ist nur an den Sonntagen, an welchen kein Schiessen auf den Schiessständen des Polygons stattfindet, zu benutzen. Es bietet aber schöne Partieen und endet am Rheindamm. Wegweiser geben an verschiedenen Stellen die beste Auskunft.

Bemerkenswert dürfte sein, dass, während die Stadt Strassburg jenseits des Rheines einzelne oft tief in das Land gehende Strecken Wald als Eigentum besitzt, diesseits des Rheines sowohl die Gemeinde Dorf Kehl, als auch die badischen Gemeinden Marlen und Goldscheuer im Rheinwald Eigentum liegen haben. Es werden über den Austausch Verhandlungen geführt.

Mit Ausnahme des Kleberdenkmals auf dem Polygon und des Denksteins für einen von Wilderern erschossenen Förster

Waldschlösschen bei Neuhof.

beim Oberjägerhof sind besondere Sehenswürdigkeiten im Sinne Baedekers auf dem bisherigen Wege nicht zu verzeichnen. Dafür aber bietet er einen angenehmen Waldspazirgang und den herrlichen Kaffee, den die freundliche Frau Försterin im Oberjägerhof ihren Gästen vorsetzt, als materielle Belohnung.

Die katholische Kirche in Neudorf, von der Strasse (Polygonstrasse; hier Restauration Mayer, Polygonstr. 113 empfehlenswert, Garten, schöne Räume) links gelegen, ist in den Jahren 1886/88 nach den Plänen des Stadtarchitekten Conrad durch den Bauunternehmer Rudloff aus Oberehnheim erbaut. In der Kirche eine prachtvolle, von Orgelbaumeister Koulen in Strassburg gebaute Orgel mit electro-pneumatischem Werke. Auch befindet sich hier ein wunderthätiges Marienbild, welches Jahrhunderte in der Kirche der Citadelle gestanden, und als diese Kirche beim Bombardement zugrunde ging, von dem Pfarrer geborgen und in einer Capelle zu Musau untergebracht wurde. Im Jahre 1889 wurde das Bild in feierlichem Zuge an die jetzige Stelle gebracht. Alljährlich im März grosse Wallfahrt. Die weiter aufwärts rechts gelegene protestantische Kirche wurde im Jahre 1885 gleichfalls nach Plänen Conrads fertiggestellt. Das Dorf Neuhof hat zwei Kirchen, eine katholische und eine protestantische.

Ein interessanter Weg führt vom Forsthaus Jägerhof zum Fort Altenheimer Hof, 1878 erbaut (2,07 km), und an dem Fort vorbei an den Rhein (hier Stromwärterhaus und ein Wirtshaus), und vom Fort 600 Schritt zurück bis zu der nach Fort Werder führenden Fortificationsstrasse, die in einer Länge von 3,6 km durch schönen Laub- und Tannenwald zur Rheinstrasse führt, die sie beim Forsthaus Schafhardt erreicht. Hier führt rechts am Waldesrand entlang ein Pfad zum Forsthaus Illkirch und weiter bis zur Strasse, welche von Neuhof zur Rheinstrasse bei Illkirch führt. Beabsichtigt man, den Spazirgang vom Forsthaus Schafhardt noch weiter auszudehnen, so wandere man über den

Rhein-Rhone-Canal (Schleuse 83) zum Fort Werder (1876 erbaut, 0,8 km) und an demselben vorbei nach Grafenstaden bis zur katholischen Kirche (2.7 km), benutze von dort die Strassenbahn nach Strassburg (jede Stunde ein Zug, Fahrpreis 40 Pfg.) oder aber man geht durch den Wald zur Station Grafenstaden der Reichseisenbahn (1,7 km). Ueber Grafenstaden liest man in „Elsas und Breyssgau" von Mariamon Ursenson, 1679, folgende Notizen:

„Gravenstaden oder Gravenstein liegt eine Stunde von Strassburg hinauffwerts an der Ill, gehöret der Statt Strassburg, welche allda einen Pass- und Bruckzoll hat. Ist anno 1678 von denen Frantzosen eingenommen und bald darauff ruinirt und verbrennet worden. Jenseits dem Illstrom hinauff ergiessen sich 3 andere Flüsslein als die Scher, die Andlau und die Erger oder Argen. Welches letztere Wasser die Erger in dem Gebürge bei S. Leonhard entspringet und von darauff ober denen Schlösser Drey-Stein, Kagen-Felss und Lützelburg durch Ober-Ehenhoim, Egersheim, Blässheim fliesset, allwo die Nagel so durch Rossheim laufft darzu stosset; die dann fürter in einem Fluss auf Gelspitzen (Geispolsheim) fliessen und von dannen auf Gravenstaden, allwo sie in die Ill fallen."

Die Fähre und die Zollstelle befanden sich an der Stelle, wo heute die grosse Brücke über die Ill führt, die noch den Namen Zollbrücke hat. Grafenstaden (Gasthaus „Zu den drei Königen" zu empfehlen) besitzt eine katholische und eine protestantische Kirche. Die Grafenstadener Maschinenfabrik (Actiengesellschaft) ist berühmt. Sie beschäftigt 1500 Arbeiter und hat Dampfhämmer bis zu 200 Ctr. Schwere. Die Wasserkraft der Ill gab Veranlassung zur Errichtung einer kleinen Stahlfabrik; aus dieser kleinen Fabrik entstand die jetzige Maschinenfabrik, welche für fast alle Eisenbahnen Europa's Locomotiven lieferte.

Wünscht man die Strassenbahn früher zu erreichen, so benutzt man vom Forsthaus Schafhardt ab die Rheinstrasse rechts (2,5 km) bis zur Colmarerstrasse. Dort, an der Haltestelle Illkirch, liegen Gräber französischer Soldaten, die beim grossen Ausfalle am 14. August 1870 gefallen sind. Die Deutschen hatten Illkirch und die Böschung des Canals besetzt. Die Franzosen kamen aus dem Neudorfer Wald, vom Fasanengarten her, und wurden durch das heftige Feuer der Gegner zurückgeschlagen. Es waren zumeist Zuaven, die hier fielen. Auf dem freien Platze neben dem Canal befindet sich ein den Tapferen geweihtes Denkmal. Auf dem Kirchhof im nahen Illkirch liegen die damals gefallenen Deutschen begraben.

Ueber das Gefecht berichtete mir ein Augenzeuge:

Von hier aus lassen sich die am Neudorfler Wald zerstreut liegenden französischen Kriegergräber am leichtesten erreichen. Hier sollen sich auch bei dem Ausfallgefecht am 18. August 1870 (Belagerung von Strassburg) die Truppen aus Strassburg unter General Uhrig's Befehl gesammelt haben. Das ganze Feld zwischen der Hohwarte und der Festung stand unter Wasser. Von der Hohwarte aus zogen die zum Angriff auf die in Illkirch lagernden deutschen Truppen bestimmten Franzosen zum Walde und schlichen sich bis an die Rheinstrasse. Die Deutschen waren aber auf der Hut, und bevor französische Artillerie heran war, eröffneten die Deutschen einen Gewehr- und Geschützkampf. Nur einzelnen Zuaven gelang es, den Canal zu erreichen.

Illkirch, das 200 Schritt vom Canal liegt, ist nach Hertzogs Chronik

„etwann deren von Kageneck gewesen, dann bei Bischoff Wilhelms zu Dhinst Krieg, denn er mit der Statt Strassburg hatte, fielen die von Strassburg, anno 1428 in Illkirch und brachen dem von Kageneck sein Haus, gehört jetzt der Stadt Strassburg zu und hat Bernhart Wormser sein Wohnung da".

Der Ort wurde aber auch schon im IX. Jahrhundert genannt und es scheint, dass er im VIII. Jahrhundert (Illenkirchen 987) an den Ufern der Ill unter dem Namen „Illachirecha" entstand. Der Ort hat dem Kaiser gehört,

„denn dieser verpfändete es und verkaufte es 1418 an die Stadt Strassburg".

Im 30jährigen Kriege litt die Ortschaft sehr unter den Kriegslasten und ging verschiedenemale in Flammen auf. In diesem Ort wurde bekanntlich auch am 30. September

1681 die Capitulation Strassburgs zwischen dem Magistrate von Strassburg und dem Marschall Louvois abgeschlossen. Das Haus, in welchem der Vertrag unterschrieben wurde und das früher durch Türmchen ausgezeichnet war, wird noch jetzt gezeigt. Illkirch besitzt eine protestantische Kirche, welche früher der katholischen Religionsgemeinschaft diente.

Interessant ist der Strassenbahnbau beim Uebergang der Bahn über den Canal. Von hier über Hohwart (1 km), Metzgerau (1 km) und Neudorf (2 km) zurück nach Strassburg.

Bei Hohwart stand einstens eine Landwehre mit weitläufigem Umfang und doppelten Gräben. Diese Gräben erstreckten sich nach Silbermann von der Ill bis an den krummen Rhein.

„Es wird diese Wart im Jahr 1550 zum Unterschied des Wighäusels die obere Wart genannt und dabei eines Brückleins und einer Fallbrücke gedacht. Erbaut wurde sie 1429."

Specklin erzählt:

„Im Jahre 1431 bauete man vor's Wighäusel wol hinaus eine Warthe die hohe Wartbe genand, mit einem hohen Thurn, Zwingern und Umläufen."

In der Metzgerau bestand vor Zeiten eine königliche Porcellanmanufactur, die noch zu Anfang des XIX. Jahrhunderts in Betrieb war. Nicht weit davon befand sich das grosse Hofgut Meinau oder Entenfang. Von hier aus zogen die Burschen aus dem Elsass zu den alljährlichen Pferderennen, welche auf dem jetzigen Exercirplatz Polygon abgehalten wurden. Die Metzgerau wurde in früherer Zeit zu Schiess- und Kriegsübungen von den Strassburgern benutzt, hat aber sonst nichts Sehenswertes.

Von den Soldatengräbern vor Illkirch kann man auch den Heimweg längs des Rhein-Rhone-Canals wählen. Es ist dies ein schattiger und wegen der vielen interessanten Ausblicke auf Strassburg empfehlenswerter Weg, auf welchem man in 3,9 km die Gedeckten Brücken in Strassburg erreicht.

Ein schöner Spazirgang führt ferner über die Rheinstrasse bis zur Ziegelbrücke, von wo aus man einen Ueberblick über die Hafenanlagen erhält, rechts zum Brückhof (2 km), wo vor kurzem die protestantische elsass-lothringische Taubstummenanstalt eingerichtet wurde. Die vorzüglichen Einrichtungen werden gerne gezeigt. Von da durch die Musau (1 km) zum Polygon und durch Neudorf zurück nach Strassburg. Bis zur Ziegelbrücke und von Neudorf aus kann man die Strassenbahnzüge (alle 20 Minuten bezw. [Neudorfer Strecke] alle ½ Stunden, Fahrpreis 10 Pfg.) benutzen.

Folgt man vom Schafhardthofe der Rheinstrasse nach Süden, so gelangt man nach 2,1 km an eine westwärts führende Strasse und diese benutzend über eine Canalbrücke (0,5 km) in das Dorf Eschau. Von hier zurück mit der Strassenbahn über Illkirch.

Eschau wird im VIII. Jahrhundert als Hascovia angeführt und 1261 als Eschowe. Es war früher ein Lehn der Herren von Rathsamhausen. Die Kirche, welche ehemals zu dem Kloster von Bischof Remigius von Strassburg im Jahre 777 im romanischen Stile erbaut wurde, ist im Jahre 926 zum Teil von den Ungarn zerstört und dann 996 von Bischof Widerolde wieder erbaut worden. In derselben ein steinerner Sarg, in welchem die Gebeine der heiligen Sophia geruht haben. Hertzog sagt: „Eschaw, das Jungfrawe Closter wurde durch S. Remigium Bischoffen zu Strassburg bei zeiten Caroli Magni Gestifft, da allda züchtige Jungfrawen von S. Benedictum regel leben und allda wohnen solten, es haben auch hernach beide Gottselige Eptissin Raduna und Attala viel im S. Sophien ehre an dieses Closter gestifft, ongefehrlich umb das jar 1305. Hernach umb das jar 1049 hat Bischoff Hetzel von Strassburg, geborner Graff von Dagsperg viel an dieses Closter geben. Und gehört das Dorff Georg Melchior von Rhatsamhausen zu vand, ist Lehen von Hanaw, das Closter gehört dem Bischoff von Strassburg zu." In der Topographia Alsatiae des Matthaeum Merianum ist zu lesen: „S. Remigius, welcher das Closter in der Insul Eschaw, Aschau oder Aschaugia an der Ill oder Alsa, wie Wimphelingus schreibet, gestifftet vnd die Reliquien Sophiae, Fidei, Spei vnd Charitaris dahin gebracht." Remigius hatte diese Gebeine in Rom von Papst Hadrian I. erhalten.

Remigius wurde gleichfalls in der Kirche begraben. 1617 kam das Kloster an das Domcapitel zu Strassburg. Als zur Revolutionszeit das Kloster aufgehoben worden war, entstand in den Räumen eine Weinschenke, welche viel von Strassburgern besucht wurde. 1822 wurde das Kloster abgebrochen. Wo die Reliquien geblieben sind, ist bis zur Stunde nicht zu ermitteln gewesen.

Zu Eschau gehört die mit dem Dorfe zusammenhängende Annexe Wibolsheim. (845 Weibilesheim.) Hier der Stammsitz der von Böcklin. Nach Merianum ein Schloss, dessen Spuren aber nicht aufzufinden sind.

Von Wibolsheim in 1,4 km, wieder über den Kanal, nach Plobsheim, dessen Bewohner wie die Bewohner Eschau's teils Fabrikarbeiter (Grafenstadener Maschinenfabrik), teils Fischer sind, aber auch fleissig Ackerbau treiben. Hier erreicht der Illhochwassercanal das Strassburger Gebiet.

Das Dorf wurde 778 Blabodaime, 823 Platpoteshaim genannt. Es wurde in Urkunden im VIII. Jahrhundert auch mit Bladolsheim bezeichnet. In Merianum's Topographia heisst es: „Ein Dorf und Pfandschaft vom Reich, den Zornen von Plobsheim gehörig, deren etliche auch allda in der Kirchen begraben liegen." Hertzog berichtet: „Dieses Dorff haben in Anno 1365 die Mosung vom Reich Pfand weiss ihnen gehabt, von denen ist es kommen auf die Zornen vn die zum Trewel, aber im Anno 1416 hat solches Hanz Zorn von Eckerich, Ritter, von König Sigissmunden gar an sich gebracht vnd seine Mitgemeynor, von solcher Pfandschaft abgetrieben, von solcher Zeit an, seind viel Adeliche Geschlecht durch Heurat in die Gemeynschaft solches Dorff kommen, welche sich nicht alle mit einander vergleichen konnten. Also letstlich haben solche Pfandtschafft auff sich newlicher Zeit die Zornen vnd Botzheim von der Kayserlichen Mayestatt erlangt vnd aussgebracht. In der Kirchen zu Plobssheim liegen begraben: Adam Zorn Ritter und Maria Böcklerin von Bocklinssaw sein Haussfraw; Hans Jacob Zorn Stättmeister zu Strassburg vn Anna Sturmin sein Haussfraw; Wolff Zorn. Gregorius von Kippenheim laut unterschiedlicher Grabstein."

Das Dorf hatte früher 3 Schlösser, von welchen das eine, der Familie Zorn v. Plobsheim gehörig, zerstört wurde. Das eine der noch vorhandenen Schlösser wird zur Zeit als Gemeindehaus benutzt, das andere ist in Privatbesitz. In der Nähe des Ortes überschritt Turenne mit seiner Armee den Rhein.

Südlich vom Dorfe (0,7 km) befindet sich die alte Wallfahrtscapelle „Maria zur Aich". Hertzog erwähnt derselben in Teil III, S. 12, wie folgt:

„Zur Aych. „Also von den Teutschen Heydnischen Priestern der Druyden genannt, welche gemeinlich bey geheyligten vn gebanten Eychen gepflegt sich auff zu halten vn ihre opffer vn Gottesdienst zu verrichten, ist etwan vorzeiten allein mit einer Hütten bedeckt gewesen vn war der Altar in den Eychbaum geschnitten, hernach hat Herr Adam Zorn Ritter ein Kirchlein dahin gebawen und seind vorzeitten vil Walfarten dahin gangen, wie dann auch die Beckenzunfft von Strassburg etwan mit fliegenden Fanen jährlichs dahin gezogen sein sollten."

Die Capelle zeigt den spätgotischen Stil mit schönem Maasswerk in den Fenstern.

Südöstlich, 2 km von Plobsheim, das Schloss Thumenau, welches nach Aufschlager von Friedrich v. Türckheim, dem Sohn von Lilli Schönemann, errichtet wurde. Von der Strassenbahn aus sichtbar. Früher hat in der Nähe eine grössere Ortschaft gleichen Namens bestanden, welche vom Rhein überflutet und zerstört wurde; jetzt stehen nur noch einige Wohnhäuser um eine Capelle, und es zeigen sich nur weite Matten mit einzelnen Baumgruppen bestanden, die früher Teile eines reizenden Parkes waren.

Folgen wir nun der Rheinstrasse, so erreichen wir (vom Metzgerthor 0,6 km) den Kirchhof St. Urban. Hier lag früher eine Capelle, welche dem St. Urban geweiht war. Die Gegend führte daher den Namen Urbansau oder im Volksmunde „Kürbau" und noch heute wird der Kirchhof im Volke Kürbau genannt.

Weiter 0,7 km führt rechts eine Seitenstrasse in das Menageriefeld und (0,6 km) zu dem städtischen

Krankenhause, welches bei Epidemieen gebraucht werden soll. Dieses an der Eisenbahn von Strassburg nach Kehl gelegene Krankenhaus wurde im Jahr 1884 aus dem Landhause errichtet, welches der Praetor Klinglin um 1795 herum erbaute und dort berüchtigte Gastmahle gab. Dieser Ursache verdankt die Gegend und das Landhaus den Namen Menagerie. In dem nach allen Erfordernissen der Wissenschaft und der Neuzeit eingerichteten Epidemieenhause können 30 Kranke untergebracht werden. Auch diese Einrichtung verdankt die Stadt vorzugsweise den Vorschlägen des Bürgermeisters Back. In dem Anwesen ist ein nach neuesten Erfindungen eingerichteter Desinfectionsapparat aufgestellt.

Von da durch die Ziegelau (0,7 km) nach Neudorf (0,9 km). Die Ziegelau führt den Namen von dem Ziegelwasser, welches das Gewann durchfliesset und in den aus dem kleinen Rhein kommenden Rheingiessen ausläuft. Der 0,5 km weiter von der Rheinstrasse abzweigende Weg führt gleichfalls zur Ziegelau und zu dem bereits erwähnten Weg nach Neudorf. Etwa 150 Schritt weiter läuft eine Landstrasse rechts ab, die den Namen Ziegelsträssel führt.

Vom Ziegelsträssel (Station der Strassenbahn an der Rheinstrasse: Ziegelbrück) bezw. vom Brückhof (0,6 km) (protestantische Taubstummenanstalt) aus ist das städtische Wasserwerk sehr leicht zu erreichen. Wenn auch der mit niedrigen Arbeiterhäusern bestandene durch die Musau (0,6 km) führende Weg nur geringes Interesse bietet, so wird derselbe doch interessanter, sobald sich rechts die weite Fläche des Exercirplatzes Polygon (0,5 km) und im Vordergrunde Teile des Rheinwaldes dem Auge darbieten, welch' letztern man vom Brückhof aus gerechnet in 1,9 km erreicht. Hier geht es durch einen Hochwald und nachher durch einen Tannenweg bis an das Pumpwerk, ein stattliches Anwesen, das schon von weitem durch den hohen Schornstein sich bemerkbar macht. Man hüte sich aber, links die Dämme und die Schiessstände, aber auch den

Rheindamm zu betreten, da dies mit Lebensgefahr verbunden und verboten ist. Mit Erlaubnis des Postens darf man aber auch bis zum Rhein weiterschreiten.

Der Plan, die Stadt Strassburg mit einer Wasserleitung zu versehen, war schon in den 20er Jahren aufgetaucht und von 1824—1870 waren über 10 Projecte ausgearbeitet worden und hatten dem Gemeinderate vorgelegen. Der Gemeinderat konnte aber nie zu einem Entschlusse kommen und erst dem thatkräftigen Bürgermeistereiverwalter Back, dem nachmaligen ersten deutschen Bürgermeister Strassburgs, gelang es, alle Hindernisse aus dem Wege zu räumen und zu der Aufstellung ernstlicher Projecte Veranlassung zu geben. Er wurde dabei durch den Stadt-Ingenieur Bürckli-Ziegler aus Zürich unterstützt, nach dessen Angaben die Ingenieure Gruner und Thiem ein Vorproject anstrebten, wonach das Wasser aus dem Grundwasser des Rheines genommen werden sollte. Der nach diesem Projecte aufgestellte Kostenanschlag wurde von dem Stadtbaumeister Conrad um 1 Million gekürzt und so auch im Regiebau durch den Genannten durchgeführt. Eine Besichtigung des kostbaren Werkes verdankte der Verfasser dem Wasserwerksinspector, dem städtischen Branddirector Wachter, dessen Aufzeichnungen auch der nachfolgenden Beschreibung des im Jahre 1879 fertig gestellten und eröffneten Wasserwerks zugrunde liegen.

Vorbedingung war eine Leistungsfähigkeit des Wasserwerks von 150 Liter Wasser pro Kopf und Tag für 120000 Einwohner und so ist auch das städtische Wasserwerk eingerichtet worden. Das Wasser sollte vermittelst der zu erbohrenden Brunnen aus dem Grundwasser des Rheins genommen werden.

Die Pumpstation wurde auf dem sogenannten Linsenkopf, 4 km oberhalb Strassburg (Ochsenwörth), errichtet. Die Anlage besteht aus einem Maschinengebäude mit 2 Paar gekuppelten Wolf'schen Dampfmaschinen mit patentirter Sulzer'schen Ventilsteuerung, 4 horizontalliegenden

Druckpumpen und 3 horizontalen Cornwall'schen Hochdruck-Dampfkesseln für 6 Atmosphären Dampfüberdruck, sowie 2 zwischenliegenden Vorwärmeanlagen. Die Pumpen jeder Maschine liefern stündlich 370 cbm Wasser auf eine Förderhöhe von 45 Meter. Ferner findet sich da ein Wohnhaus mit 3 Dienstwohnungen, Magazin und Werkstätte, sowie die Probirstation für Wassermesser. Dahinter ein Kohlenschuppen und zwischen Wohnhaus und Maschinenhaus einer der drei gusseisernen Brunnen von 3 m Durchmesser, die beiden anderen Brunnen liegen der eine (Waldbrunnen) links im Walde und der andere (Feldbrunnen) am Ausgange des Polygons am alten Rheindamme. Sie sind durch die weiss angestrichenen runden Bedachungen kennbar. Aus diesen 9—12 m tiefen Brunnen wird das Wasserleitungswasser, welches in dieser Tiefe nahezu constante Temperatur hat, gewonnen. Diese Brunnen sind nur unten offen und lassen durch die Seitenwände Wasser nicht durch. Der Brunnen im Hofe dient als Sammelbrunnen und ist mit den beiden andern durch Hebeleitungen verbunden. Die Gebäude sowie die Brunnen sind 0,60 m über dem Wasserstand von 1876 gegen Hochwasser geschützt. Vom Wasserwerk geht ein Druckstrang in einer Länge von 4 km nach dem in der Stadt liegenden Hochwasserreservoir, dessen gusseiserner 42 m über der Strasse liegender Behälter 1050 cbm Wasser hält. Die Gesamtanlage kostete 2424805,65 Mk., dieser Betrag verzinst sich durch den Betrieb zu 4,75% — ein durchaus günstiges Ergebnis.

Vom städtischen Wasserwerk zurück bis zur Strassengabelung (Rheindamm, 0,2 km) und über den Polygon (nur gebahnte Wege dürfen benutzt werden) zur Neuhofstrasse (1,9 km) und nach Neudorf (Strassenbahn 0,8 km). Auf dem Polygon befinden sich verschiedene militärische Anlagen, welche nicht betreten werden dürfen. Das dem General Kleber von der französischen Armee gestiftete Denkmal dort zeigt ausser verschiedenen Kriegstrophäen auf der Vorderseite eine Pyramide mit Palme und die Worte „A Kléber".

Das Denkmal hat keinerlei Kunstwert. Etwa 100 m östlich eine Cantine.

Vom städtischen Wasserwerke aus kann man auch das Dorf Neuhof auf verschiedenen über den Exercirplatz führenden Wegen erreichen. Auch in dieser Richtung dürfen Civilpersonen nur die gebahnten Wege benutzen.

Auf der linken Seite der Rheinstrasse wird zur Zeit der neue Hafen für die Schiffahrt auf dem Rheine, welche demnächst ins Leben tritt, angelegt. Auch diese grossartige Anlage verdankt die Stadt Strassburg der Anregung des Bürgermeisters Back. Der Hafen, der sich bis zur Citadellenbezw. Kehlerstrasse erstrecken wird, steht mit dem Umleitungscanal sowohl, als auch mit dem vor kurzem fertiggestellten neuen Canal für die Rheinschiffe in Verbindung.

Der Hafen, der in einen Handels- und in einen Petroleumhafen geteilt sein wird, soll bis zum Mai 1892 durch eine das ganze Hafenufer berührende Bahn mit der Reichseisenbahn bezw. dem Metzgerthorbahnhof in Verbindung gebracht werden. Es werden Warenhäuser, ein Werfthaus und ein Zollhaus errichtet. Das Petroleum soll in eisernen, in die Erde eingelassenen Reservoirs gelagert werden. Zum Wenden der Rheinschiffe wurde ein besonderes Bassin an der Citadellenstrasse errichtet.

Vom Hospitalthor.

Gleich vor dem Thore sind links die Güterbahnhofsanlagen der Strassburger Strassenbahngesellschaft angelegt worden. Hier werden die Züge für die Linie Strassburg-Markolsheim zusammengestellt, welche am Nicolausstaden abfahren.

Verfolgt man die Strasse, so erreicht man hinter dem Eisenbahnübergange das aufblühende „Schlutfeld", einen neuen Vorort, der früher oft schon von Ueberschwemmungen der Ill heimgesucht worden ist. Das Wasser hat hier schon am ersten Stockwerke der Häuser gestanden. Durch die Anlage der Stauvorrichtungen und der Illableitung bei

Erstein und die Anlage eines Schutzdammes gegen die bei Illhochwasser gleichfalls hochgehenden Fluten des krummen Rheins (Krümmerich) wird zukünftig eine Ueberschwemmung des Vorortes vermieden. Es wohnen hier viele Beamte.

Von hier die erste Seitenstrasse rechts über den Eisenbahndamm zum Heyritz, der Name eines „Gewann", so da schon im Allmendbuch von 1427 vorkommt. Heyritz war im Jahre 1570 mit 73 Marksteinen umgeben. Dortselbst sollen Häuser gestanden haben, welche im bischöflichen Kriege 1392 verbrannt wurden. (Chron. Konigsh. S. 760.) Von hier am Umleitungscanal, dessen Ufer mit Anlagen versehen sind, bezw. an dessen Hafen und der Ill entlang, bis zu den Gedeckten Brücken (2,3 km).

Ein gleich angenehmer, indessen etwas längerer Spazirgang bietet sich dar, wenn man, sobald, von der Seitenstrasse im Schlutfeld aus, der Schutzdamm des krummen Rheins erreicht ist, sich links wendend, diesen Damm verfolgt, später die Colmarerstrasse überschreitet (2,3 km) und die etwa 200 Schritt stadtwärts rechts abgehende Strasse bis zur Polygonstrasse (1,1 km) verfolgt und von hier bis zum Metzgerthor (1,8 km) die bekannte Strasse benutzt.

Vom Heyritz, bezw. vom Einfluss des Umleitungscanals in die Ill, links dem Leinpfad nach über die Eisenbahnbrücke, von der man eine prachtvolle Aussicht auf die Stadt Strassburg geniesst, bis zum Schirmecker Thor (0,8 km) oder die Eisenbahnbrücke rechts liegen lassend, dem Rhein-Rhone-Canal entlang, bei der Schleuse über die Brücke zur Elsau (0,9 km) an dem Anwesen Grüneberg vorbei (0,8 km) zum Schirmecker Thor (0,7 km). Dieser Weg ist recht lohnend.

Der Colmarerstrasse folgend erreicht man vom Bahnübergang geradeaus in 1,1 km den Uebergang über den Krümmerich (krummer Rhein) und gleich dahinter das Commandantenfeld. Man ist dann in der schon erwähnten Metzgerau. Ueber den Krümmerich finden wir bei Silbermann folgende Notizen:

„Aus dem Rhein fliesst und entspringet der krumme Rhein oder Krümmerich und lauft bei Gansau des Forsters Hof vorbei, unter der Brücke beim Wighäusel durch und bei St. Arbogasts Fehr in die volle Ill. Oberhalb dem Wighäusel hat der Krümmerich einen Wehr gegen der langen Brücke, über welchen er zu grossen Wassern fällt, da alsdann dieser Arm seinen Namen verliert und das „Ziegelwässerlein" genannt wird; es nimmt seinen Lauf durch die lange Brücke, wo man auf den neuen Hof in die Gausau gehet, lauft bey dem Rheinziegelofen vorüber und fällt in den Johannisgiessen."

Ein Blick auf die Generalstabskarte zeigt uns, dass in südlicher Richtung von Plobsheim die Kraft zwei Seitenarme abgibt, welche mit den Namen „Thumm-Rhein" und „Mühlgiessen" bezeichnet sind. Beide Arme vereinigen sich später und bilden den krummen Rhein, der dann nach verschiedenen Windungen und nachdem er verschiedene Wasserläufe aufgenommen und das Ziegelwässerlein abgegeben hat, kurz vor Strassburg in die Ill mündet.

Die Metzgerau war, wie Silbermann erzählt, eine der niedrigsten Gegenden und den öfteren Ueberschwemmungen ausgesetzt. Unter vielen derselben, meldet Specklin vom Jahr 1443 an, „dass durch den angelassenen Rhein die auf der Metzger Aue gestandenen Häuser und Klöster so ins Wasser gesetzet wurden, dass man die geistlichen Herren und Kloster-Frauen mit Schiffen abholen und zu ihren Freunden in die Stadt führen musste". 1565 fuhr man am 3. März auf der deutschen und der Metzgerau mit Schiffen über die Dielen-Wänden an den Garten. Viele Leute ertranken bei diesem Hochwasser. „Sonsten ist auch diese Aue", so sagt Silbermann weiter, „von der Bürgerschaft zu ihren Kriegsübungen gebraucht worden, da sie entweder neu gegossene Stücke probirt, oder aber, wie es gar oft geschehen, sich mit Schiessen aus Stücken geübt. Vornehmlich ist dasjenige Schiessen, welches die Bürger vor Ostern 1507 auf dieser Aue gehalten haben, besonders merkwürdig, da sie in Gegenwart Kayser Maximilian I., vieler Fürsten, Grafen, Freyherren und Gesandten, aus 8 grossen Stücken geschossen haben. Dabey hatten sie auch zwey Stücke, wovon das eine die Nachtigall, das andere der junge Rohraffe hiess. Dieses letztere ist nach geendigtem Schiessen durch 225 Knaben von der Metzgerau herein wieder in die Stadt auf den Zeughof gezogen worden". Weitere grosse Schiessen wurden hier am 25. Mai bis 10. Juni 1590 und im Mai 1616 abgehalten. Im August 1632 lagerte hier die schwedische Armee unter dem General Gustav Horn und dem Rheingrafen Otto Ludwig.

Bekanntlich begann Horn hier seinen Kriegszug durch das Elsass. In der Revolutionszeit fanden hier verschiedene Feste und Truppenbesichtigungen statt.

Es folgt (1,75 km vom Krümmerich) die Hohwart, ein angehender Vorort der Stadt an der äussersten Banngrenze.

„In den alten Zeiten, da die Vorstädte von Strassburg noch nicht ummauert waren, hatte man ausserhalb dem Bezirk derselben sogenannte Wighäuser oder Wartthürme erbauet, deren Bestimmung war, die feindlichen Streifereyen in der Ferne zu entdecken und die offenen Vorstädte vor unvermutheten Ueberfällen zu warnen. Die Hohe Warte wurde in Ansehung ihres weitläufigen Umfangs und ihrer doppelten Graben zu einer Landwehre erbauet. Diese Gräben erstreckten sich von der Ill bis in den krummen Rhein und heissen in alten Planen der Landgraben." (Spuren noch sichtbar.) Soweit Silbermann. (Siehe auch Ausflüge vom Metzgerthor.)

Nach Specklin wurde dieser Wartturm 1431 erbaut mit einem hohen Turm, Zwingern und Umläufer. Der Turm ist verschwunden. „In einem Kupferstich von Jacob von Heyden sieht die Warte fast wie ein festes Schloss aus, in dessen Mitte ein achteckiger hoher Turm und über dessen Dachspitze noch ein Wachthäuslein stehet. Der Turm ist in einer gewissen Entfernung mit einer Ringmauer und bedeckten hohen Umgängen, die auch ein Achteck ausmachen, umringet, in deren Bezirk sich noch andere Gebäude befinden. Im Jahre 1675 wurde hieher eine Wache von der Stadt-Garnison gelegt. Im Jahre 1678 wurde diese Warte geschleift. Sie trägt auch hin und wieder den Namen die Illkircher Warte, weil sie nicht gar weit von diesem Dorfe entlegen ist. An einem Stein, auf welchem dem Ansehen nach der Thorbogen gestanden, siehet man noch die Jahreszahl 1561 eingehauen."

„Heutigen Tages ist dabei ein Wirthshaus, woselbst auch von den vorbey fahrenden Güter-Fuhren ein Weggeld bezahlet wird." (Silbermann.)

Das Wirtshaus ist heute noch vorhanden. Das Gut rechts gehört dem Asphalt-Fabrikanten Nicol. (Haltestelle der Strassenbahn.) Von hier links den breiten Fahrweg zum Neudorfer Wald (0,8 km) und weiter durch die Waldstrasse über den krummen Rhein (1,1 km) und dann rechts zum Forsthaus Fasanengarten (0,7 km) Gräber von Turcos, die am 18. August 1870 bei einem Ausfalle hier gefallen sind. Weiter (1,1 km) Papiermühle und Ganzau.

Von der Brücke über den Krümmerich links zum Marschallshof (0,7 km) und geradeaus nach (0,8 km) Neuhof.

An dieser Stelle wollen wir eine kurze Beschreibung der Bahnlinie Strassburg-Markolsheim folgen lassen. Ueber Illkirch-Grafenstaden, Eschau und Plobsheim haben wir schon Beschreibung erstattet und auch Thumenau, die Station vor Krafft, wurde erwähnt. Es folgt Station:

Krafft (Gemeinde Erstein), 144 Einwohner („Anker"). Güterbahnhof und Ausladeplatz am Rhein-Rhone-Canal. Schlösschen des Barons von Koessling. Die Bahn passirt die Krafft. (Der Ersteiner Hochwassercanal hier zu besichtigen.) Viel Hopfenbau. Dann erreicht man

Erstein. Die Station liegt 3,2 km von der Stadt entfernt. Mit Erstein ist eine Pferdebahnverbindung hergestellt. Die Fahrt nach Erstein ist lohnend. Es liegt in der Absicht der Strassburger Strassenbahngesellschaft, eine Strassenbahn Erstein-Oberehnheim und Erstein-Lahr zu errichten.

Die Kreisstadt Erstein, 4378 Einwohner („Zum Löwen" „Zum Sternen"), ist Station der Eisenbahnlinie Strassburg-Basel, wohin ein Strassenbahnwagen fährt. Schöne moderne, Kirche, Schloss derer Zorn von Bulach aus dem XVI. Jahrhundert. In dem Garten hat einst ein Palast der fränkischen Könige gestanden.

Von Erstein 2½ km südwärts Osthausen, 830 Einw., mit dem altertümlichen Schlosse derer Zorn von Bulach. Am Eingange zwei knieende Statuen, einen Ritter und dessen Gemahlin darstellend. Im Hofe viele Grabdenkmäler des Geschlechts.

In 26 km Gerstheim, 1443 Einwohner („Zum Löwen"). Postverbindung von Erstein über Gerstheim, Allmannsweier, Langenwinkel, Dinglingen nach Lahr. Gerstheim-Lahr 17 km.

Ostwärts, wenige Minuten ausserhalb des Ortes, die auf die Stelle des im XIV. Jahrhundert zerstörten Schlosses Schwanau eingerichtete Meierei des Barons von Zorn. Man bemerkt noch die Anlage des alten Schlosses und findet noch alte Mauerreste. Von da nach Meisenheim. Das Grab der Friederike Brion von Sesenheim, der Jugendgeliebten Goethes. Ueber die zerstörte, einst rings von Sümpfen umgebene Burg Schwanau erzählt Hertzog in seiner Edelsasser Chronik folgendes:

„Es hat ein Herr von Geroltzeck vnd Schwanaw, genant Herr Walter, einen trefflichen langwirigen Kriege mit den Reichsstetten gehabt. Anno 1333 seind die von Strassburg an dem grünen Donnerstag vor Ostern vor Schwanaw gelegen, aber wider abgezogen. Aber hernach, auff S. Marx tag, seind sie mit Hilf der Statt Bern, Lucern, Basel, auch Fryburg Vchtland vnd Herren Rulman Schwarbern, dem Haubtman, lang darvor gelegen, vnd nit gewinnen mögen. Hat der Herr von Geroltzeck vnnd andere so inn dem Schloss gewesen, vermeindt die Stett wüsten, dass sie in dem Schloss mit Proviandt vnd anderer Notturft so wol versehen weren, darnmb wurden sie abziehen. Auff solches haben sie mit den Stetten sprach gehalten, vnd unter andern angezeigt, damit die Steet befänden, dass sie im Schloss kein sorg oder mangel hetten, so wolten sie verwilligen, vnd etliche vergleitten das Schloss jnnwendig jrens gefallens zu besichtigen. Solches die Stett mit grossem begeren vnnd gefallen annamen, verhoffend, dass auch beschahe, jren vortheil dardurch zu erholen; verordneten darauff zwen, darunter der ein Büchsenmeister was. Als nun solche zwen das Schloss, wie es gestalt vnd versehen genugsam vnd jhres gefallens besichtiget hatten, hat der Herr von Geroltzeck sie befraget, ob sie vermeinten das Schloss zu erobern. Darauff der Stett verordnete nit vil antwort gaben. Doch sprach der ein wider jnen: „Herr, was die Handt kan machen, das kan sie auch wider zerbrechen." Vnd sein damit auss dem Schloss in das Läger gezogen, vnd den Stetten angezeigt, dass bemelt Schloss nicht wol, sonder schwerlichen, zu gewinnen sey, es wero dann, dass denen im Schloss die Proviandt verderbet werden möchte. Haben auch die zwen so vil berichts geben, dass die Stett aufbrachen vnd sich auff die anderen seiten Lägerten, vnd die gemach vnnd behaltnissen, darinnen deren im Schloss Proviandt verwaret lage, zu oberst zerschossen, damit die Proviandt zum theil verfallen, vnnd gegen dem Himmel bloss lage. Es hat auch in dreyen Monaten nicht geregnet, desshalben sich die Stett viel näher haben mögen Lägern. Doch hat solches dem Schloss keinen schaden mögen pringen; dann dass sie auff der bemelten zweyer bericht, so in dem Schloss gewesen, die Proviandt verfelten vnnd öffneten. Darnach haben sie die heimlichen gemach zu Strassburg aussräumen lassen, den Vorhat in Thonnen vnd Fesser gethan, vnd solches mit schlaudern vnd werckzeug in's Schloss genötiget, dass sie sich nit lenger mögen erhalten, vnd sich mit den Stetten in sprach gegeben. Nach vieler rede vnnd handlung ist bethediget, dass den Stetten das Schloss Schwanaw vnd alle die darinnen waren, sich auff genade vnd vngenade ergeben solten, ausgenommen was die Fraw von Geroltzeck, so der zeit in dem Schloss was, vber die fallbruck tragen mochte, das zu jrem Leib gehörte, das solt jhr zu stohn, vnd sie gesichert sein. Da nam sie jhren gemahl, den alten Herren auf den Rucken, vnd einen jungen Sohn auf den Arm, vnd truge sie vber die Fallbrucken; das gehörte zu jhrem Leib. Des beschwerten sich die Stett, vnnd vermeinten die Fraw solte Kleinotter, gelt oder ander geschmuck nemmen, vnd nicht jhren Herren oder Sohn, vnnd wolten mehrertheil der Stett, wiewol es hoch versprochen was, nicht halten.

Nach dem aber dieser zeit der Adel in den Stetten, vnd insonderheit zu Strassburg vnd Basel regierten, vnd die vom Adel solche thedigung gemacht, geschworen vnd besigelt hetten, darumb sie sich dessen hart vnd viel annahmen, dass der Frawen thedigung gehalten wurde, ist sie mit jhrem gemahl vnd Sohn vber Rhein in die Herrschaft Geroltzeck geführt, vnnd begleitet worden, vnnd sein noch vier Herren von Geroltzeck vnnd fünfftzig von Adel in dem Schloss Schwanaw ergriffen vnnd endthaupt worden."

In 29 km Obenheim, 873 Einwohner („Zum Ochsen"). In der Kirche ein gutes Heiligenbild, sowie ein Grabstein des Ritters Friedrich von Sickingen † 1581.

In 33 km Boofzheim, 984 Einwohner („Krone"). Abzweigung der Bahn nach Rheinau, das in 2 km mittelst Pferdebahn erreicht wird.

Rheinau, 1507 Einwohner („Zum Löwen"), Städtchen unweit des Rheines, wo Schiffbrücke vorhanden. Cichorienbau für die Fabrik von Ehl.

Bei Rheinau lag das alte Kloster Honau (Hohenaugia). Im VIII. Jahrhundert auf einer Rheininsel gegründet, musste es 1290, durch das Hochwasser des Rheines bedroht, nach Rheinau verlegt werden. Als auch diese neue Gründung im XIV. Jahrhundert vom Rheine untergraben wurde, fanden die Mönche Aufnahme in Alt St. Peter zu Strassburg. Bei ausnehmend niedrigem Wasserstande, wie es 1749, 1859 und 1882 der Fall war, wurden Trümmer der alten Anlage sichtbar. — Der alte Twinger von Königshofen meldet: „Auch ze Rinowe tut ja der Rin aber gar we und het ein gros teil von der stadt gessen und isset sü in kurzer Zeit gerwe abe das villichte nüt geschehe werent sü selige münche blieben allso jr vorderen." (Siehe des Verfassers „Wanderungen durch das Hanauerland".)

Von Rheinau Omnibusverbindung über Orschweier nach dem Städtchen Ettenheim in Baden (12 km). Orschweier ist Station der badischen Bahn.

Ettenheim, 3052 Einwohner. Stattliche Kirche, Wein- und Tabakbau, Gerbereien und Cigarrenfabrikation. Hier liess Napoleon 1804 in der Nacht vom 14. auf den 15. März den Herzog von Enghien mitten im Frieden aufheben und nach Vincennes führen, wo er nach kurzer Gefangenschaft erschossen wurde.

In 35 km Friesenheim, 607 Einwohner („Zur Krone"). Schöne moderne Dorfkirche. Von Friesenheim westwärts nach Neunkirchen (2,8 km), ein vielbesuchter Wallfahrtsort. In Aufschlager finden wir darüber: Eine alte

Volkssage erzählt, dass ein Hirt, der im Gemeindewald die Heerde hütete, hinter einem grossen Stein eine kleine elfenbeinerne Statue der Mutter Gottes fand, die er seiner Pfarrkirche schenkte. Des andern Morgens war die Statue aus der Kirche verschwunden, und der Hirt fand sie an derselben Stelle wieder. Als sich dies neunmal wiederholte, erkannte man den Willen des Himmels und erbaute an der Fundstelle eine Capelle, die man Neunkirch nannte. Die Statue, eine gute Arbeit des XIII. Jahrhunderts, befindet sich auf einem Nebenaltar.

In 37 km Dieboldsheim, 533 Einwohner („Zum Ochsen").

In 44 km Sundhausen, 1346 Einwohner („Zum Halbmond"). Omnibusverbindung nach Schlettstadt und nach Kenzingen, Station der badischen Bahn. Es erscheinen rechts die Hohkönigsburg, Seelburg und die südlichen Vogesen und links der Kaiserstuhl.

In 47 km Richtolsheim („Zur Krone"). Von da in 3 km Schönau, 578 Einwohner, Schiffbrücke über den Rhein.

In 49 km Artolsheim, 853 Einwohner („Zum Schimmel"). Dann Haltestelle für Hessenheim, 471 Einwohner.

In 51 km Boozheim, 457 Einwohner.

In 53 km Mackenheim, 816 Einwohner, und dann in 55 km Markolsheim, 2256 Einwohner („Zum Adler"), Landstädtchen, dort Verlängerung der Strassenbahn nach Horburg-Colmar. Von hier aus ist das Kaiserstuhlgebirge leicht zu erreichen.

Von den Gedeckten Brücken.

Zwischen dem Hospitalthor und den Gedeckten Brücken befanden sich in früherer Zeit noch verschiedene Thore, nämlich das St. Ehrhard-Thörlein auf dem jetzigen Spitalgrundstück, das Bundethor, das Elisabethenthor und das Finkweiler Thörlein. Von allen diesen Thoren ist nicht eines mehr zu sehen und das letztere Thörlein wurde durch den Durchlass bei den Gedeckten Brücken ersetzt. Diese sind im XVII. Jahrhundert gebaut worden.

Durch dieselben auf dem Leinpfad bis zum Ausfluss des Umleitungscanals, über die Brücke weiter am Staden, unter der Eisenbahnbrücke durch zum Garten Dollé, jetzt auch zur Milchkuranstalt eingerichtet. Weiter zum Ausgang des Rhein-Rhone-Canals. An diesem Canal entlang nach Illkirch. Rechts über die Canalbrücke nach der Elsau, wohin man jedoch bequemer durch das Schirmecker Thor gelangt.

Bei der Brücke über den Umleitungscanal führt ein Leinpfad (auf beiden Seiten des Canals) zur Rheinstrasse. Der jenseits der Canalbrücke gelegene Leinpfad längs des genannten Canals führt zum Canalhafen und zum Heyritz. Wegen der übrigen Spazirgänge sind die beim Hospital-, Metzger- und Schirmecker Thor gemachten Ausführungen massgebend.

Vom Schirmecker Thor.

Dort wo jetzt das Schirmecker Thor sich befindet, liegt die Teutschau oder Deutsch Herren Aue genannt. Der Name rührt von dem zwischen St. Aurelien und dem jetzigen Schirmecker Thor gestandenen Deutschherrenkloster her. Die Teutschau begann bei der grünen Warte und erstreckte sich an der Ill bis zur St. Arbogastbrücke, von der wir oben geredet hatten, und der Strasse, die aus dem früheren Weissturmthor führte. Hier soll der ehemalige Königliche Palast gestanden haben. Specklin sagt über den Platz, wo das Palatium oder der Königshof gestanden hat:

„Da war ein Hof bauen, den nente man der Königshof; etliche wolten, er seye gelegen, wo jetzum das Teutsche Haus ligt, die anderen wolten, wo St. Gallen ligt, welches alles noch Königshoffer Bann heisst."

Hierzu bemerkt Silbermann:

„Wann ich nun beyde angezeigte Orte gegeneinander betrachte, welcher zu einem Königlichen Palast der bequemste mag gewesen seyn, und die in Herzog Adalberts Brief eingeführte Worte „in fuburbano civitatis novo", das ist, in der neuen Vorstadt, erwäge, so halte dafür, dass solches ohnstreitig der erstere gewesen, der nachgehends zum deutschen Haus gedienet hat. Es sind Edle von Blumenau, welche ehedessen ihr Schloss daselbst gehabt, das sie, wie Herzog sagt, nebst anderen vortreflichen Häusern dem deutschen Orden übergeben haben. Es ist diese Gegend so weitläufig, dass die zu der Hofstatt des Königs und dessen zahlreichen Gefolge nöthige Gebäude überflüssigen Platz allda fanden. Es war also dieser Palast zwischen der neuen Stadt und dem Dorfe Königshoffen gelegen, so dass man daher die ganze umliegende Gegend beobachten und darüber eine angenehme Aussicht haben konnte . . . Wan man endlich auch die gegenüber gelegene Deutsche Aue, die mit der Ill und der Breusch rings umgeben war, betrachtet, so konnte zur Ergötzlichkeit für einen zum Königlichen Palast gehörigen Lustgarten kein bequemerer Platz als dieser ausfindig gemacht werden . . . Wann aber der Palast seine Endschaft erreichet, davon ist keine Nachricht vorhanden. Er könnte aber vermuthlich unter den Schlössern gewesen seyn, welche in der Mitte des dreyzehnten Jahrhunderts vom hiesigen Bischof Heinrich von Stahleck, aus Feindschaft wider den Kaiser Friedrich, da dieser in Kirchenbann war, zerstört wurden."

Im Uebrigen ist dieser Königshof verschiedentlich von deutschen Kaisern bewohnt worden.

Die deutsche Aue erstreckt sich bis vor das jetzige Thor hinaus und das Anwesen Wantz führt jetzt noch im Kataster den Gewannnamen deutsche Aue.

Jenseits der Ill, unweit des Wantz'schen Anwesens, welches über ein Jahrhundert eine Bleiche war, stand bis zum XVI. Jahrhundert dicht am Flusse das St. Arbogaster-Kloster und das Stiftshaus Alt Sanct Marx.

Gleich hinter der Thorstrasse beginnen zwei breite Strassen, die eine links führt zum Grüneberg (gutes Wirtshaus bei Werlin) und weiter in die Elsau. Dieser Vorort erstreckt sich in etwa 2 km Länge in das Land hinein. Hierüber finden wir im Silbermann:

„Elz Aue ist das Feld hinter dem Wirthshaus des heutigen Grünebergs, zwischen der sich die im halben Zirkel herumziehende Ill gegen dem Mauerhof über. Es war laut einem Alment-Buch im Jahre 1532 mit 9 Marksteinen vermacket. An dasselbe stösst an der Ill hinauf das Schwarzauer Feld und nach diesem zwischen dem Hirzen-

Ackel, der Metzger-Aue und der Ill, bis in den Laudgraben, der Münichs Hag."

Ein Kilometer weiter, zwischen der Elsaustrasse und der Schirmeckerstrasse der entstehende neue Vorort **Gliesberg**, früher Glysberg, ein mit 10 Marksteinen umgebenes Feld. Die Elsaustrasse mündet auf den Leinpfad des Rhein-Rhone-Canals. Die **Elsau** ist mit einem hohen Schutzdamm gegen die Wassergefahren der Ill, von der der Ort auch seinen Namen führt, umgeben. Dieser Damm wurde 1878 bis zum **Heyritz** erweitert. Er ist jetzt unnötig geworden, da, wie schon oben gesagt, der Ersteiner Canal das Hochwasser der Ill rechtzeitig in den Rhein führt. Eine Verbindung des **Grünebergs** mit der Schirmeckerstrasse besteht nicht. Für Fussgänger ist zu diesem Zwecke der Schutzdamm dienlich.

Verfolgt man die Schirmeckerstrasse, so gelangt man in 1,2 km an das Anwesen „**Grünewarte**". Hier befinden sich Ueberreste einer alten Befestigung. Silbermann erzählt in seiner Chronik:

„Die grüne Warte an der Landstrasse nach Lingolsheim, an dem Flüsslein, welches der Stadtwerkmeister Enoch Maier im Jahre 1617 das Brunngiesslein benennet hat. Diese Warte wurde im Jahre 1429 gebauet. 1537 den 23. April schlug das Wetter in dieselbe bey der Papiermühle und brannte sie ganz ab. Im folgenden Jahre wurde sie samt dem hohen Turm von Grund aus wieder aufgeführet. In einem im Jahre 1532 verfassten Allmendbuch wird dieser Warte auch der Name der neuen Warte beigelegt. Die Ursache dieser Benennung kann wohl die Wiederherstellung nach dem Brand nicht gewesen sein, weil dieser unglückliche Zufall erst 1537 geschah, da doch, wie gemeldet, dieser Name schon 1532 vorkommt. Wahrscheinlicher ist es, dass diese Benennung zum Unterschied der nicht weit davon gelegenen Warte zu Breuscheck, welche älter sein kann, erhalten hat."

Als im Jahre 1675 Marschall Turenne bei **Sasbach** erschossen worden und die Franzosen darauf in die Gegend von Strassburg rückten, besetzten die Strassburger die grüne Warte mit einigen Truppen, die Tag und Nacht daselbst die Wache hielten.

Von hier durch das „Schnakenloch" (0,8 km) und an der Breuscheckwarte, deren Turm noch steht, vorbei nach Königshofen. Diese Warte zum Breuscheck wird in Hertzogs Chronik ein Burgstall genannt. Sie ist von der Spitalverwaltung, der sie gehört, vor ungefähr 10 Jahren neu hergerichtet worden und dient als Reconvalescentenhaus.

In dieser Gegend lag auch das erste Dorf Adelshoffen: das nach Silbermann

„ein kleines vor dem Weissenturm gelegenes Dörflein war, woselbst, laut alten Briefen, der Bischof Adeloch der Kirche zu St. Thomä einen Dinghof geschenkt. Die Meyerei Adelshoffen hat Reinboldus von Schönecke und seine Brüder, die Kastenvogtey aber in Adelshoffen, Herr Johann genannt Schwarber, ein Strassburger Ritter, von dem Bistum Strassburg im 14. Jahrhundert als Lehen getragen".

1392 wurde dieses Adelshofen abgebrochen und die Bewohner desselben erbauten bei Schiltigheim ein neues Dorf mit gleichem Namen.

Einen ganz prächtigen Gang durch saftige Wiesen und an murmelndem Wasser vorbei bietet eine Wanderung am Breuschcanal entlang nach Wolfisheim, für rüstige Gänger etwa eine Stunde.

Dort wo der Breuschcanal die Strasse schneidet, etwa 1,2 km vom Thor entfernt, geht man rechts zu den Häusern und von da unter der Eisenbahn durch immer am Canal entlang. Am besten ist, wenn man die erste Canalbrücke benutzt, um auf die linke Seite des Canals zu kommen. Hier auf diesem Wege bieten sich dem Wanderer viele Naturschönheiten. Zunächst wird der wilde Lauf der Breusch fesseln. Hinter den Häusern des Vororts Königshofen, der sich hier von seiner industriellen Seite zeigt, erblickt man das ehemalige Kloster Karthaus, ein Gebäude, das schon im dreizehnten Jahrhundert genannt wurde und das demnächst ein Kapuzinerkloster werden wird.

Im landschaftlichen Bilde wechseln Wiese, Wald und Feld ab. Eckbolsheim lässt seine schönste Hälfte sehen.

Besonders hübscher Ausblick auf die alte und die neue Kirche, vom Breuschcanal aus.

Von hier links Strasse an einer Hanfrüste und einem einsamen Bauernhofe vorbei nach Lingolsheim (1,7 km). Das Dorf Eckbolsheim gehörte früher dem Stift St. Thomae. In Scharfensteins Beschreibung des Elsasses heisst es darüber:

„Zu diesen Stifft gehöret das Dorff Eckboltzheim, eine Stunde von Strassburg; dahin jährlich einer aus den Professonibus, unter dem Titul eines Dorff-Junckers geschickt, und ihnen die Aufsicht über das Dorff und die darinnen fallende Einkünfte zugleich aufgetragen wird."

In Hertzog's Chronik heisst es weiter:

Anno 1088 erhub sich der Carthauser Orden unnd da man zalt 1340, da waren drey Erbare Männer, genannt Johannes von Meichsen Gerhardt von Sachsen und Wernher von Hessen, die baweten das Carthauser Closter zu Strassburg. Beatus Rheuem lib. 3 Rerum Germanicarum ist der meinung, dass daselbst hierumb die jetztzemal die Carthaus vnd die Sacell zu S. Gallen (allda nur eine gemeine Begräbnis ist) vnd jenseit der Carthauss das Frawen-Clösterlin Konigshoffen gelegen, vor zeiten, nachdem die Allemannen die Römer der Ends haben vertriebe, jren prauch nach nit in dem zerstörten Argentorat oder Strassburg gewont, sonder daselbst herumb zerstreyet in sonder Höffen niedergelassen haben, ist Anno 1591 durch die Statt Strassburg abgebrochen worden." Die Gebäude wurden alsbald wieder aufgerichtet.

Ueber Eckbolsheim schreibt Hertzog:

„Eckoltzheim oder Eckboltsheim, wie etliche alte Chroniken es nennen, ist dem Stifft zu St. Thoman zu Strassburg angehörig. Anno 1366 hat sich Carolus Quartus der Römisch Kayser, auch der Bischof vnnd Statt Strassburg wider die Engelländer zu Eckoltzheim in's Feld, gelagert. Anno 1388 wurde Eckoltzheim durch Pfaltzgraff Ruprechter verbrannt."

Nach alten Urkunden wurde hier 1224 das Margarethenkloster gebaut. Sechszehn Jahre später verliessen die Nonnen das Kloster und es zerfiel. Die Einwohner des Ortes beteiligten sich in grossen Haufen am Bauernkrieg und ein Teil zog mit gen Zabern. Sie wurden Anno 1526

Eckbolsheim.

begnadigt. In dem Orte wird Landwirtschaft und Viehzucht mit Milchhandel betrieben. Ein Teil der Einwohner arbeitet in Königshofen in den Brauereien. Das Dorf hat eine alte protestantische und eine im Jahr 1886 gebaute katholische Kirche.

Von Eckbolsheim gestaltet sich der Weg am Canal entlang immer interessanter. In Wolfisheim (1,7 km) über die Brücke in das Dorf (Gasthof „Zum Roten Ochsen" von Mathis, beliebter Ausflugsendpunct). (Siehe Abteilung Weissturmthor.)

Der Weg weiter am Canal vorbei ist auch noch recht lohnend. In 3 km erreicht man Achenheim, ein Ort, in welchem grosse Landwirtschaft betrieben wird. Man baut hier Getreide, Hanf, Tabak und auch Reben. Auch sind im Banne viele Wiesen vorhanden. Durch die dort betriebenen grossen Ziegeleien, welche zu den Bauten in Strassburg grosse Mengen von Steinen liefern, werden viele Grundstücke mit kostbarem Boden entwertet. Hier ist ein kleines gut erhaltenes Schlösschen sehenswert, das früher von einem schwedischen Heerführer v. Löwenhaupt in etwas eigentümlicher Art erworben wurde. Auch eine Familie von Rousel besass hier einst ein grösseres Landgut. Das Dorf gehörte früher der Familie von Wildenstein. Nach Hertzog hat Achenheim einen besonderen Adel „von Achenheim" gehabt. „Anno 1261 wurde Achenheim durch die von Strassburg, in Bischoff Walters von Geroltzeck Krieg verbrandt."

Nach 1,6 km Hangenbieten, ein reizend gelegenes Dorf an einer Anhöhe. Vom Rebberg aus bietet sich ein herrlicher Ausblick auf die Hausbergen und deren dräuende Forts, die im Hintergrunde von dunklem Gebirge eingerahmt erscheinen. In der Anhöhe einige Höhlen. Die Einwohner betreiben Landwirtschaft und Rebbau. Der Name ist aus „Hangend Bütenhein" entstanden. Später „Hangen Biettenheim". In der „Topographia Alsatiae", herausgegeben durch Matthaeum Merianum, lesen wir:

„Hangen Bittenheim, ein Ort im Elsass so etwan deren von Hohenstein vnnd deren von Bleyberg, als ein Lehen von der Herrschaft Lichtenberg gewesen, jetzt aber den Grafen von Hanau zuständig ist. Anno 1363 zog der Graf von Blankenheim aufl die von Hohenheim gen Hangen Biettenheim vnd erschlug auff 60 Bauren zu tod vnnd fienge viel. Die Edlen entrunnen und flohen kaum auff ihre veste."

Nach 2 km erscheint Kolbsheim, auf der Höhe gelegen. Auch in diesem Dorf betreibt man Feld-, Wiesen- und Rebbau. Das Dorf wurde früher „Kolbsen", auch „Kulwesheim" genannt und gehörte einem besonderen adligen Geschlechte. Deren Burg wurde von den Strassburgern unter Bischof Wilhelm von Dietz zerstört. Es hatte zwei Schlösser, von welchen das noch vorhandene verschiedenen Familien, so der von Mullenheim, von Wurmser u. a. gehört hatte. Später kam das Schloss in den Besitz des Strassburger Maire Humann, der viele Sommer hier zubrachte.

Von Kolbsheim bis Ernolsheim 1,7 km und von da Dachstein 1,2 km. Von hier in 2 km zur Station Dachstein der Molsheimer Eisenbahnlinie.

Verfolgt man aber die Schirmeckerstrasse weiter, so erreicht man von der grünen Warte aus in 3,1 km Lingolsheim, über welches Dorf in Hertzogs Chronik folgender Eintrag steht:

„Anno 1261 belägert Bischoff Walter von Geroltzeck die Burg Lingelssheim, gewunne auch solche, doch mit der Condition, dass er diejenigen, so darauff waren, solte frey lassen in die Statt ziehen, mit allem dem dass sie hetten, und besetzte der Bischoff Lingolssheim mit den seinen."

Etwa 2,2 km vom Schirmecker Thor zweigt sich links eine schattige Strasse nach Oswald ab, welches Dorf von diesem Puncte in 2,3 km erreicht werden kann. Oswald und das benachbarte Grafenstaden waren Lehen der Herren von Altdorff genannt Wollenschlager und es wurde später an die Herrschaft Lichtenberg verkauft, kam dann an die Stadt

Strassburg, die dort noch Grundgüter, so die an der Bahn gelegene Colonie Oswald, besitzt.

Von da in 1,8 km zur Station der Reichseisenbahn Grafenstaden und weiter zur Strassenbahn Strassburg-Markolsheim.

Will man einen weiteren Spazirgang machen, so wende man sich von Lingolsheim (4,8 km vom Schirmecker Thor) nach Enzheim (4 km). Hinter Enzheim der gen Innenheim führenden Strasse nach, bis zu dem 1,4 km von der Strassengabelung abzweigenden Bläsheimersträssel, verfolge diese Strasse bis Bläsheim (1,5 km) und besuche von dort den Glöckelsberg. Von dem auf diesem historischen Punct stehenden Turm bietet sich eine entzückende Aussicht in die Ebene, auf die Vogesenkette und den Schwarzwald.

Im October 1674 wurde hier eine siebenstündige Schlacht zwischen den Kaiserlichen unter Caprara und den Franzosen unter Turenne geschlagen. Der Turm auf dem Glöckelsberg ist der Rest der während dieser Schlacht zerstörten Kirche des Dorfes Bläsheim, das früher auf der Höhe lag.

Ueber den Turm auf dem Glöckelsberge sagte vor kurzem das Ersteiner Kreisblatt:

„In der Nähe von Strassburg erhebt sich in südwestlicher Richtung mitten in der Ebene der Glöckelsberg, der gewiss manchem bekannt und lieb ist. Auf dem Gipfel des mit Reben bepflanzten Hügels befindet sich der malerisch gelegene Kirchhof des freundlichen Dorfes Bläsheim, welches am Fusse des Berges liegt. Auf diesem Kirchhof erhebt sich ein alter, etwa 20 Meter hoher Turm, welcher weit im Umkreise bemerkbar ist und immer wieder die Neugierde des Wanderers wach ruft. Sein ehrwürdiges Aeussere verrät uns, dass er schon manchem Sturm und Wetter Trotz geboten hat. Heute dient derselbe zur Vermessung des Landes und als Aussichtsturm. Wir haben von hier aus einen herrlichen Blick über die reiche elsässische Ebene mit ihren zahlreichen Ortschaften; auf der einen Seite ist er begrenzt durch die Kette des Schwarzwaldes, auf der anderen durch unser Vogesengebirge.

Früher hatte der Turm eine andere Bestimmung. An denselben angebaut — wie man dies noch heute deutlich bemerken kann —

war die Kirche, in welcher die Bewohner des Dorfes Bläsheim, das damals ebenfalls dort auf der Anhöhe lag, sich zum Gottesdienste versammelten. Manchem heutigen Besucher, der sich nicht scheut, mit roher Hand seine Zerstörungslust an dieser altehrwürdigen Ruine zu kühlen, möchte man zurufen: „Halt ein! bedenke, wo Du stehst!" Als in früheren Kriegen das Dorf zerstört wurde, da siedelten sich die Einwohner desselben wieder am Fusse des Berges an, und im vorigen Jahrhundert wurde mit Hülfe der Familie von Bock, welche im Jahre 1560 die evangelische Lehre angenommen hatte, die schöne Kirche und das jetzt dem Abbruch verfallene Pfarrhaus am Abhange des Hügels erbaut. Als letzte Ueberreste des früheren Dorfes blieben die Bergkirche und der Kirchhof. Nach einer alten Angabe soll diese Kirche recht schön gewesen sein; verschiedene Malereien zierten die Wände. Ganz alte Leute von Bläsheim können sich erinnern, dass in dieser Kirche die Leichenpredigten gehalten wurden. In der Schreckenszeit der Revolution wurde die Kirche stark beschädigt, alle Grabsteine der Herrschaften von Bock und anderer adeliger Familien, die daselbst ihre Begräbnisstätte hatten, herausgeschafft, die Mauern untergraben, so dass bald die Kirche ganz abgerissen werden musste und nur noch der Turm stehen blieb. Jeder, der schon einmal diesen Turm bestieg, würde es gewiss bedauern, wenn auch dieses ehrwürdige Denkmal der Frömmigkeit unserer Vorfahren verschwinden sollte. Gewiss geht vielen Besuchern, die aus dem Staube und den engen Strassen einer Stadt auf den Glöckelsberg kommen, das Herz auf und es ist ihnen zumute wie unserem elsässischen Dichter Ehrenfried Stöber, welcher als Jüngling an schönen Nachmittagen mit Vorliebe einen Spazirgang hierher machte, und der seinen Gefühlen Ausdruck verlieh in einem Gedichte, das unter den Alten von Bläsheim gang und gäbe war und in welchem Stöber ausruft:

    Freunde, hier gefällt es mir!
    Dieser Berg gewährt mir Freude,
    Er ist Bläsheims schönste Zier
    Und mir eine Augenweide.

    Glöckelsberg! wert bist Du mir,
    Du, so mancher Augenweide!
    Bleibe Bläsheims schönste Zier
    Und auch mir ein Sitz der Freude!

Zurück nach Strassburg von Station Geispolsheim, die von Bläsheim 5,6 km entfernt liegt.

Vom Weissturmthor.

Wo jetzt das Weissturmthor liegt, wurde im Jahr 1876 bei den Ausgrabungen zur Stadterweiterung ein römischer Begräbnisplatz aufgedeckt. Die gefundenen Särge mit Inhalt an Krügen, Urnen etc. befinden sich im städtischen Museum. Die Glacisanlagen bieten vom Weissturmthor aus nach rechts und links kleinere luftige Spazirgänge. Verfolgt man aber die gerade Strasse weiter, so gehts durch Königshofen (0,6 km) am Roten Haus (1,1 km) bei der Gabelung der Strasse vorbei links nach Eckbolsheim (1,2 km, zusammen 2,9 km). (Näheres über Eckbolsheim siehe bei den Spazirgängen vom Schirmecker Thor aus.) Hier soll noch bemerkt werden, dass zwischen Königshofen und Eckbolsheim 1878 jene grosse Parade der Strassburger Garnison vor Kaiser Wilhelm I. stattfand, bei welcher in dem durch Regen aufgeweichten Boden die Stiefel der Soldaten stecken blieben. Trotzdem ging die Parade flott von statten. Von Eckbolsheim auf schöner Strasse nach Wolfisheim.

„Anno 1261 wurde Wolffsheim in Bischoff Walters von Geroltzeck Krieg verbrannt." Hier war früher ein Amtssitz der Grafschaft Hanau-Lichtenberg. Früher soll hier ein Schloss der Familie von Museler gestanden haben, doch lassen sich keine Spuren derselben mehr auffinden. Von Wolfisheim führt links durchs Dorf eine schöne Strasse nach Holzheim (3,8 km), früher Holdessheim genannt. Im Jahre 1261 hatte Bischof Walter von Geroltzeck auch hier ein Lager.

Von Holzheim auf schattiger Strasse nach dem reizend an einer Anhöhe, inmitten von Rebstöcken und am Breuschcanal gelegenen Hangenbieten. (Siehe Spazirgänge vom Schirmecker Thor.)

Zu bemerken bleibt, dass bis Wolfisheim (Gasthaus „Zum Roten Ochsen" bei Mathis, sehr gut) die Strassenbahn fährt und dass von diesem Puncte aus sich reizende kleinere und grössere Ausflüge machen lassen. In allen genannten Dörfern gibt es Wein und Bier zur Erfrischung, und wenn man auch daselbst keine grosse Auswahl von Esswaren vorfindet, so sind doch stets Eier und Schinken und gutes Bauernbrod zu haben. Solche Ausflüge sind: nach Oberschäffolsheim, 1,2 km von Wolfisheim. Man verfolgt eine schattige Landstrasse und von da in 1,3 km nach Achenheim, ebenfalls vermittelst einer guten Landstrasse, wenn man nicht den etwas näheren Weg durch die Wiesen, an der Ziegelei vorbei, vorzieht.

In der Kirche von Oberschäffolsheim sind zwei Grabsteine der Familie von Wurmser mit den Jahreszahlen 1557 und 1581. In der Nähe des Dorfes lag ein Schloss, das von den Truppen Turennes befestigt wurde. Im November 1792 wurden einige Bürger und auch der Bürgermeister auf Anordnung von Eulogius Schneider auf dem Kleberplatz in Strassburg hingerichtet.

Von Oberschäffolsheim in 4,5 km nach Breuschwickersheim, wo Jacob Sturm von Sturmeck ein Haus besass, das oft den Gelehrten Wimphelin als Gast empfing. Hier liegt der 13. Stättmeister von Manteuffel und Johann Fleischmann in der Kirche begraben. Grabsteine bezeichnen dies.

Beim „Roten Haus" von Eckbolsheim zweigt die sogenannte Römerstrasse ab, die etwa 2 km weiter die schöne Strasse nach Zabern entlässt, welche in 2,4 km nach Ittenheim führt. Der Weg ist zwar schattenreich und führt durch fruchtbare Felder, aber er ist nicht interessant. Ittenheim besitzt eine unansehnliche Kirche aus dem XV. Jahrhundert. Weiter in 1 km links Handschuhheim, eine frühere Annexe von Fürdenheim, und geradeaus von Ittenheim in 1,9 km nach Fürdenheim, mit einer aus dem XVI. Jahrhundert stammenden Kirche, deren Turm unter der deutschen Regierung renovirt wurde; beides Ackerbau treibende Gemeinden.

Diese Orte werden voraussichtlich mit der Strassenbahn Strassburg-Truchtersheim durch Zweigbahn verbunden werden. Verfolgt man die Römerstrasse, so gelangt man rechts von der Strasse bald an einen von der Militärverwaltung 1889 angelegten Infanterieschiessplatz mit hohem Kugelfang und in 2,7 km nach Hürtigheim mit der Wallfahrtskirche.

Vom Kronenburger Thor.

Gleich links an der Thorstrasse liegt der neue Militärfriedhof und wenn man der dort rechts abgehenden Strasse (sogenannte Mittelhausbergerstrüssel) folgt, so gelangt man vor Kronenburg an den neuen Hauptfriedhof der Stadt Strassburg, der in seinen Anlagen im Entstehen begriffen ist. Hier stand in früherer Zeit der Galgen.

Vom Kronenburger Thor aus erreicht man bald den Vorort Kronenburg (0,9 km). (Hier Wirtschaft „Zur Rotunde", mit Ausblick nach Strassburg.) Rechts bei den Rotunden liegt das Grab eines bei der Belagerung von Strassburg 1870 gefallenen Artillerieofficiers und etwas weiter, zwischen den beiden durch Kronenburg führenden Hauptstrassen, von welchen die eine nach Oberhausbergen (2,85 km), die andere nach Mittelhausbergen (2,95 km) führt, liegt ein grosses Massengrab 1870 gefallener Krieger. Die Strasse nach Mittelhausbergen ist schattig; diejenige nach Oberhausbergen, welche von der Strassenbahn nach Truchtersheim benutzt wird, ist sonniger. Die drei Dörfer Ober-, Mittel- und Niederhausbergen liegen, jedes von den andern etwa 1 km entfernt, am Fusse der Hausberge, die zum Teil von Akazienwaldungen, in allen übrigen Lagen aber mit Reben bewachsen sind. Am nordöstlichen Abhange der Hausberge liegt das Dorf Mundolsheim, 2,2 km von Niederhausbergen entfernt. Diese vier Dörfer sind durch eine gut unterhaltene, zum Teil schattige Vicinalstrasse, die sich in der Ebene hinzieht, verbunden. Zwischen dem Rebgelände am östlichen Abhange des Berges hin führt eine breite Militärstrasse, welche aber nur mit besonderer Erlaubnis der Militärbehörde betreten werden kann. Früher durfte sie von jedermann begangen werden, und viele Spaziergänger unserer Stadt bedauern lebhaft, dass dies jetzt nicht mehr der Fall ist. Aber es bietet sich in den den Gemeinden gehörenden Hohlwegen, die zum Rebberge führen, Gelegenheit, Ausblicke auf die Ebene von Strassburg zu werfen. Hier zeigen sich dem Wanderer ganz reizende landschaftliche Bilder, namentlich auf Strassburg mit dem dahinter erscheinenden Schwarzwald.

Um einen angenehmen Ausflug dahin zu machen, fahre man mit der Strassenbahn bis Oberhausbergen, wandere über Mittelhausbergen, Niederhausbergen nach Mundolsheim, Lampertheim und Vendenheim (sehr wohlhabende, schöne Dörfer) und benutze die Reichseisenbahn zur Heimkehr. Bei Oberhausbergen hatten im Jahre 842 Ludwig der Deutsche und sein Bruder Karl ihre Heere ein Lager aufschlagen lassen, bevor sie sich durch den berühmten Eid gegen ihren Bruder Lothar verbanden. Die Burg Oberhausbergen wurde 1261 von den Strassburgern zerstört. Ein Jahr später fand bei dem Dorfe die Schlacht der Strassburger gegen den Bischof Walter von Geroldseck statt.

Nach Hertzog gehörte Oberhausbergen, das ein Schlösschen, dem Landwirt Weber gehörig, besitzt, denen Zorn von Plobsheim, welche das Dorf von der Herrschaft Rappoltiein in Lehen hatten. Mittelhausbergen war Reichslehen und Niederhausbergen gehörte der Stadt Strassburg. Später kam das Dorf in den Besitz derer von Rappoltsstein. Mundolsheim gehörte der Familie derer von Mundolsheim, von welcher verschiedene Mitglieder Stättmeister von Strassburg waren. In der Kirche einige Grabdenkmäler derer von Mundolsheim. 1870 war Mundolsheim das Hauptquartier des Generals v. Werder. Lampertheim besitzt zwei Kirchen und ist ein grosses sehr wohlhabendes Dorf mit grossem Gemeindewald, den die Gemeinde

1315 von der Gräfin Anna Kunigunde von Mundolsheim geschenkt erhielt. Die Herren von Lampertheim kommen in Urkunden aus dem XIII. Jahrhundert vor. 1870 hatte der Grossherzog von Baden hier sein Hauptquartier. Der Strassburger Professor der Medicin Friedrich Lobstein wurde hier 1784 geboren. Das Dorf Vendenheim ist sehr alt. Schon im IX. Jahrhundert wurde es als Fedinheim als Lehen des Strassburger Bistums genannt. In Hertzogs Chronik ist zu lesen:

„Anno 1389 wurde Vendenheim und Schilkheim durch Pfaltzgraff Ruprechten verbrand vnd denen von Strassburg jr vieherdt genommen; ist den Wormbsern gehörig." (Wurmser von Vendenheim.)

In den Befreiungskriegen litten diese Dörfer durch verschiedene Gefechte, die dort unter Rapp stattfanden. An verschiedenen Häusern, so namentlich in Mundolsheim, weisen Inschriften auf die damaligen Zerstörungen hin. In Mundolsheim, gleich beim Eingange, liegt aus jener Zeit ein Hof unaufgebaut in Trümmern. Bekanntlich gab Arnold, um die damalige Not in den Dörfern zu lindern, zu deren Bewohner Besten seinen „Pfingstmontag" heraus. In Oberhausbergen und in Mittel- und Niederhausbergen befinden sich auf den Kirchhöfen Soldatengräber aus 1870.

Ausserordentlich interessant sind in allen den genannten Dörfern die überaus zahlreichen Haussprüche, Hofinschriften und so weiter, vom Mittelalter bis in unsere Tage, ausschliesslich in deutscher Sprache gehalten: ein lebender, sprechender Beweis für die deutsche Eigenart und die zähe bewahrte Stammeseigentümlichkeit dieser Bewohner des früheren französischen Departements des Niederrhein.

Vom Kronenburger Thor führt auch eine schattige Landstrasse an prachtvollen Feldern und dem Pionierübungsplatz vorbei bis zur Brumather Strasse, von da an dem St. Helenenkirchhof vorbei zum Steinthor (2,9 km).

Durch Kronenburg, der Strasse nach Mittelhausbergen entlang bis hinter dem neuen Exercirplatz (3,8 km), auf welchem 1888 ein Barackenlazarett errichtet wurde, und wo 1890 die Kaiserparade stattfand, dann rechts über das Mittelhausbergerstrâsschen nach Schiltigheim (3 km). Vom Eisenbahnübergang, an dem Kloster St. Charles vorbei, zum Steinthor (1,7 km). Angenehmer Weg, der viele Abwechslung bietet.

Von Vendenheim gelangt man in 1,9 km nach Eckwersheim, das ehemals zur Hanau-Lichtenbergschen Herrschaft gehörte. Hier wird seit einigen Jahren der Pfingstritt wieder vorgenommen. Mit demselben hat es nach A. Kahl's Heimatkunde des Landkreises Strassburg folgende Bewandtnis:

„An den Bann von Eckwersheim grenzen zwei Bauernhöfe, welche den gemeinschaftlichen Namen Niefern (Annexe) führen. Den Bewohnern dieser Höfe war in aller Zeit das Recht freier Durchfahrt durch den Gemeindebann von Eckwersheim erteilt worden; sie mussten sich dafür in folgender Weise erkenntlich zeigen. Am Pfingstmontag jeden Jahres ritten die jungen Burschen von Eckwersheim nach dem Morgengottesdienst auf schön geschmückten Pferden nach Niefern. In beiden Höfen wurden sie mit Wein, Wurst und Kuchen aufs freundlichste bewirtet, erhielten dazu auf dem oberen Hofe noch zwei und auf dem untern einen Schilling. Ausserdem hatten die Hofbauern jährlich an einem bestimmten Tage 100 Würste und die Ripplein eines gemästeten Schweines nach Eckwersheim zu liefern. Bei einem Gemeindetrunk wurden Würste und Ripplein unter fröhlichem Jubel in einem Wirtshause verzehrt. So geschah es, bis zum Ausbruche der französischen Revolution. Aber auch heutzutage findet dieses Reiten am Pfingstmontag nach dem Morgengottesdienste noch statt, freilich nur mehr als eine liebe Erinnerung an die Zeit der Väter und das alte Recht. Die Bewohner des oberen Hofes bewirten die jungen Leute auch jetzt noch reichlich mit Wein und Kuchen; ferner verabreichen sie an jeden von ihnen 16 Pfennig in Geld. Fröhlich und guter Dinge kehren die Reiter heim, um sich für das Rennen auf der Rennbahn am Krönungsplatze zu rüsten."

Das Rennen findet nachmittags statt. Das Dorf wurde 1793 von den Franzosen zerstört. Früher, bevor der Rhein-Marne-Canal bestand, war das Dorf oft von dem Wasser des Neubächel monatelang überflutet. Der Verkehr geschah auf Stelzen und es soll recht interessant gewesen sein, wie die jungen Burschen auf Stelzen zu Liebchens Fensterlein wanderten.

Aus dem Kronenburger Thor führt auch die Strassenbahn nach Truchtersheim, welche hier kurz beschrieben sein soll.

Die schmalspurige Strassenbahn von Strassburg nach Truchtersheim.

Die Strassenbahn beginnt auf der südlich der Westmarkthalle gelegenen Hausbergerstrasse, führt eine kurze Strecke über den Kronenburgerring und biegt in grosser Curve in den neuen Teil der Kronenburgerstrasse, wo die erste Haltestelle errichtet ist. Unter der Reichseisenbahn hin, an der Güterhalle vorbei, durch das Kronenburger Thor, an dem Militärfriedhof vorbei erreicht die Bahn in 1 km den Vorort Kronenburg, in welchem drei Haltestellen eingerichtet wurden. Von der letzten Haltestelle erreicht man leicht den neuen Exercirplatz und das Barackenlazarett.

In 4,9 km kommt Oberhausbergen in Sicht, wo die Bahn am Wirtshaus „Zur Sonne" Haltestelle hat. Im Dorf wird die „Krone" viel besucht. 2 km weiter, nachdem man die für die Strasse durch den Berg gehauene Schlucht, welche auf der Höhe rechts und links Rebgelände zeigt, durchfahren hat, ist eine Haltestelle für die Dörfer Dingsheim und Griesheim errichtet.

Dingsheim kommt 1059 als Denzingen, 1089 als Dungenesheim und 1214 als Tungensheim in Urkunden vor. Hier wird nach Straub eine Osterkerze aus Schmiedeeisen, eine sehr einfache Arbeit, auf dem Dachstuhl der Kirche aufbewahrt. Im Jahre 1815 hatte das Dorf durch die Truppen des Generals Rapp viel zu leiden. In den 40er Jahren war hier auf der Höhe ein Arm des Luft-Telegraphen errichtet. Hier wird auch der neue Militärschiessstand an der Strasse nach Ittenheim sichtbar.

Griesheim ist von Dingsheim durch die Suffel getrennt. Der Ort gehörte früher zum Bistum Strassburg. Nach Hertzog gehörte das Dorf einstens auch Friedrich von Andlaw.

Nach 3,5 km erscheint das Dorf Stützheim. Vor dem Dorf ein neuer stattlicher Hof des Bürgermeisters Quirin (ehemaliger Reichstagsabgeordneter), der nach den neuesten Erfahrungen eingerichtet ist. Von hier starker Milchhandel nach Strassburg.

Stützheim liegt an der Suffel, die unlängst in ein Bett gedämmt wurde. Hier befinden sich Reste einer Römerstrasse. Etwa 1,5 km davon Hürtigheim, an der grossen Römerstrasse. Die altertümliche Kirche ist sehenswert. Frühere Besitzer waren die Herren von Flachslanden. In Hertzogs Chronik wird über den Ort nur gesagt: „Stitzen gehörte den Felschen zu."

0,90 km weiter durch die Suffel von Stützheim getrennt Offenheim. Der Ort kommt schon im VIII. Jahrhundert und nachher 1512 in Urkunden vor. Die Familie derer von Offenheim war im XIII. Jahrhundert sehr angesehen und berühmt. Der kurze Kirchturm soll aus dem XIV. Jahrhundert stammen. In dem Backsteinmauerwerk des Turmes ist ein Stück gotischer Sculptur eingemauert. Die Einwohner betreiben Ackerbau. Von hier in 1,2 km nach

Behlenheim, einem hübschen Ort mit fruchtbarem Ackerboden am Avenheimbach, von Baquol-Ristelhuber Deisbach genannt. Der Ort gehörte der Familie Holtzapfel von Herxheim und später denen von Falkenhagen.

Hinter Offenheim nimmt die Bahn eine nordwestliche Richtung an und gelangt in 1,1 km nach Wiwersheim am Plätzerbach, von anderen auch Pfälzerbächlein genannt.

Wiwersheim kommt 782 als Winfridesheim, 884 als Wieresheim in Urkunden vor. De Bussières führt in seinem „Culte et Pèlerinages de la très sainte Vierge en Alsace" Seite 145 über Wiwersheim an: „Wangische Ehrenrettung wider Patris Petri Deumeri rectoris und seines anvertrauten Collegii Soc. Jesu zu Molsheim famos Schriften. Wie auch nichtige anmassendes Weinschenkungsrecht in dem Capellenhaus zu Wywersheim 1662." Der Ort war Eigentum der

„l'abbaye de Honau, später derer von Wangen. Das Dorf besitzt zwei Kirchen, von welchen eine Wallfahrtskirche ist und den Namen „Maria zum Elend" führt. Kraus sagt darüber: „Die frühere, namentlich in der Fastenzeit stark besuchte Wallfahrtskirche „Maria zum Elend" ursprünglich Beghinen, dann den Johanniterherren, den Jesuiten von Molsheim und dem Collegium dieser Stadt gehörig, ist seit 1845 Pfarrkirche, während die in der Zopfzeit erbaute ganz moderne ehemalige Pfarrkirche jetzt leer steht. Das Chor ist in ⅝ geschlossen, spätgotisch (XV. Jahrh.). Hinter dem Hochaltar ein Fenster mit spätgotischem Maasswerk und dergleichen. Glasgemälde: St. Georg mit dem Drachen, Madonna mit Kind, zwei andere Heiligen; die Bilder sind von mittelmässiger Zeichnung, aber in den Farben schön. Spätgotische Thüre im Chor." In der ehemaligen nun verlassenen Pfarrkirche befindet sich ein Grabstein einer Edelfrau Margaretha von Wangen geb. Stumpfin von Schwanburg aus dem XVII. Jahrhundert. Jahreszahl fehlt.

Hinter dem Dorfe und bevor die Bahn die nördliche Richtung einnimmt, befindet sich eine Haltestelle für die Dörfer Quatzenheim (2,75 km), Dossenheim (2,55 km) und Schnersheim (2,80 km).

Quatzenheim, in einem fruchtbaren Thaleinschnitt an der Suffel gelegen, betrieb früher viel Viehzucht und Obstbau. Die Viehzucht hat nachgelassen. In dem Orte, der 1255 als Quazzinheim genannt wurde, befinden sich eine Dampfmühle und eine Synagoge. Die von Quatzenheim kamen 1127 vor. Später ging der Ort in den Besitz der von Oberkirch über. Der Ort wurde 1622 durch Pfalzgraf Friedrich im Auftrage des Heerführers Ernst von Mansfeld zerstört. Die Kirche ist nach Kraus modern. Der Chor spätgotisch (15. Jahrh.), geradlinig abgeschlossen mit Kreuzgewölbe, dessen Rippen aus Consolen aufsteigen. Die Fenster sind später angebracht und nicht gotisch. In der Kirche an der Wand und am Fussboden einige Grabsteine aus dem XV. und XVI. Jahrhundert.

Dossenheim, auf einer Anhöhe unweit der Suffel gelegen, wird 1122 als Dozzenheim bezeichnet. 1461 hier Gefecht zwischen den Strassburgern und den Bischöflichen. 1569 von dem Herzog von Aumale verbrannt. Schnersheim, östlich des Kochersberges gelegen, besitzt eine Kirche mit gotischem Portal. Truchtersheim wird in 2 km erreicht. Endstation der Bahn. Der Kantonshauptort Truchtersheim kommt 1178 als Dorf Truthersheim vor und gehörte dem Bistum. Hier wurden römische Grabhügel aufgedeckt. Die Bewohner sind Ackersleute.

Es lassen sich von den verschiedenen Bahnstationen aus prächtige Spazirgänge ausführen. Ein ganz prächtiger ist der folgende: Man löst ein Billet nach Wiwersheim, steigt dort aus und wandert über Schnersheim, Willgottheim und Hohengöft nach Wasselnheim, isst dort zu Mittag und fährt dann entweder mit der Bahn zurück oder geht, wenn man tüchtiger Fussgänger ist, auf Schusters Rappen gen Strassburg. Sowohl über Fürdenheim, Ittenheim, als über Scharrachbergheim, Breuschwickersheim führen Wege durch prächtige elsässische Dörfer.

Die Kochersberger Gegend (Willgottheim) ist bekanntlich eine der reichsten des Elsass. Das Schloss Kochersberg, wo der Sitz des bischöflichen Amtes war, lag östlich von Willgottheim. Es sind nur noch die Wallgräben vorhanden.

Das Dorf Willgottheim hat reiche geschichtliche Erinnerungen. Hier nahm Marie Lesczinska nach ihrer Vermählung in Strassburg mit dem Stellvertreter des Königs Louis XV. auf der Reise nach Paris am 17. August 1725 ihr erstes Absteigequartier. Eulogius Schneider, der mit seinen Knechten den gefangenen Pfarrer von Zeinheim hierher brachte, wurde hier, während er bei Tische sass, von Vermummten überfallen und jämmerlich durchgeprügelt. — In der Gegend wird die alte Volkstracht noch hochgehalten.

Hohengöft, Anno 775 Gehtida, 778 Githfida, 1120 Gefeda, 1239 Göffede in Urkunden genannt, liegt am Fusse des Goeftberges und an der Strasse von Wasselnheim nach Pfaffenhofen. Zwischen Hohengöft und Zeinheim bestand ehemals ein Dorf Ulingen, von dem jetzt keine Spur mehr gefunden wird. Bei Hohengöft befindet sich ein sehr (über 80 Meter) tiefer Brunnen.

Ueber eine Fusswanderung durch das Kochersberger Land brachte die Nr. 117 III. Bl. der „Strassburger Post" vom 27. April 1892 eine so reizende Schilderung, dass ich dieselbe hier wiedergeben will. Die darin geschilderten Wege sind zu empfehlen:

In dem jetzt so stillen, fast weltabgeschiedenen Kochersberger Lande haben sich einst die Heere der römischen Kaiser, die Scharen mittelalterlicher Dynasten, Bischöfe und Imperatoren, die Truppen der französischen Könige getummelt; die noch jetzt auf den Karten als solche bezeichnete Römerstrasse verband, mitten durch das Land ziehend, Zabern mit Strassburg; 1720 wurde — ihr parallel, aber weiter nördlich laufend — eine französische Militärstrasse hier durchgelegt. Die Eisenbahnen, die bequemeren Thäler der Flussläufe aufsuchend, haben Verkehr und Leben nord- und südwärts abgezogen. Das Land um den Kochersberg blieb sich selbst überlassen.

Kurz nach 9 Uhr des Morgens setzt uns der Zug in Wiwersheim südlich von Truchtersheim ab. Auf der schnurgerade verlaufenden Strasse nach Schnersheim durchziehen wir die blühende Landschaft. Schnersheim, wie alle die anderen Dörfer in der Runde, liegt im Frühling da, wie von einem blütenprangenden Kranze umgeben; zahlreich sind die Obstbäume in den Gärten ringsum. In Schnersheim, dessen stattlicher Kirchturm schon aus der Ferne die Augen auf sich zieht, läuten grade die Glocken, als wir das Dorf durchschreiten; die Kirche ist aus, und Burschen und Mädchen ziehen im Sonntagsstaat — es ist Gründonnerstag — durch den grünenden, blühenden Heckengang dahin: ein Schuler'sches Bild in die Wirklichkeit umgesetzt!

Die langsam ansteigende Strasse lässt uns hinter dem Dorfe hübsche Blicke in die Hügelgelände zur Seite thun. Wie traulich und friedlich eingebettet liegt da Ittlenheim, dann Neugartheim! Bald haben wir zwischen Rebgärten wandernd, die Höhe der Strasse nach Willgottheim erreicht und verfolgen nun links am Rande des Höhenrückens, des Kochersberges, den Feldweg, der uns an Reben und Aeckern vorbei in 10 Minuten zu schon lange sichtbar gewesenen Erdhügeln führt, die deutlich das Gepräge alter Befestigungsanlagen an sich tragen. Wir sind auf der Stelle das alten Schlosses Kochersberg (siehe oben) wo, wie Schöpflin sagt, veteres episcopi commorati sunt saepe (wo die alten Bischöfe Strassburgs gar oft residirt haben). Das alte castrum ist längst verschwunden, seine Steine haben zum Bau der obengenannten Landstrasse dienen müssen; die Stätte ist wüst und leer, nur an dem nach Süden steil abfallenden Hange und in den Lücken zwischen den Erdwerken sind Reben angepflanzt. Der Ausblick aber ist bei der beherrschenden Lage des 301 Meter hohen Berges nach allen Seiten hin, auf den Zug der Vogesen wie auf das Rheinthal, überraschend.

Ein bequemer Fusssteig führt uns abwärts durch die Reben an die Südseite des Kochersberges auf den von Neugartheim in westlicher Richtung zwischen Rebstücken laufenden Fahrweg. Ehe wir in einen Hohlweg hinabtauchen, der uns auf die Strasse nach Winzenheim bringen soll, werfen wir noch einen Blick auf die steil aufragende Westseite des Burgberges. Bald erreichen wir dann Winzenheim und wenden uns südwärts auf die Strasse nach Küttolsheim. Langsam steigen wir am Westrande eines Hügelrückens aufwärts, da macht die Strasse eine scharfe Biegung südöstlich, vor uns im Grunde liegt Küttolsheim und weit dahinter wie in einem Bilde, dessen Rahmen die Höhen nord- und südwärts von dem genannten Dorfe bilden, zeigt sich — ein überraschender Anblick! — die Rheinebene, zeigt sich Strassburg! Hier ist der Punct, wo (nach Professor Wiegands überzeugender Darstellung) die römischen Vortruppen damals im August 357, als Julian gegen die Alemannen zog, dem germanischen Reiterposten zuerst sichtbar wurden, die von der am Musaubache zwischen Ittenheim und Oberhausbergen liegenden Hauptmacht vorgeschoben worden waren.

Wir kreuzen die Strasse, verfolgen den abwärts führenden Hohlweg, gehen an der anderen Seite des Thälchens wieder aufwärts und gelangen in kurzer Zeit nach Nordheim, einst Sitz eines schon zu Anfang des 15. Jahrhunderts erloschenen Geschlechtes, später im 16. Jahrhundert Wohnort des ersten Strassburger Rectors Johannes Sturm von Sturmeck, der sich nach seiner Absetzung hierhin zurückgezogen hatte und hier 82jährig 1589 in ärmlichen Verhältnissen starb. In einer guten halben Stunde haben wir dann das reizend vor dem Kronthale gelegene Marlenheim, das Marlegium Gregors von Tours, die Villa der Merowinger, erreicht und können uns bei Mosbach bei einem guten Tropfen von den Anstrengungen der Wanderung erholen, falls es eine Anstrengung genannt werden kann,

Tivoli.

3 bis 4 Stunden durch schönes Land auf guten Wegen gewandert zu sein.

Wollen wir nicht zu Fuss über Ittenheim nach Wolfisheim, dann am Breuschcanal vorbei (siehe oben Schirmecker Thor) nach Strassburg wandern, so bleibt uns nichts anderes übrig, als über Molsheim mit der Eisenbahn nach Strassburg zurückzufahren. Wenn erst die Absicht, eine Strassenbahn von Westhofen aus an Marlenheim vorbei nach Wolfisheim und so nach Strassburg herzustellen, ausgeführt sein wird, so hat man dann die bequemste Gelegenheit, schon früh am Tage wieder bei den häuslichen Penaten zu sein.

Vom Steinthor.

Gleich beim Thore bietet sich Gelegenheit zu einem bequemen und reizvollen Spaziergang über das Glacis bis zum Schiltigheimer Thor, an dem schönen „Tivoli" mit grossem Parke vorbei durch die Seufzerallee, durch das Ruprechtsauer Thor und die Orangerie zur Stadt zurück (3,5 km). Oder vom Schiltigheimer Thor, „Tivoli" rechts liegen lassend, nach Schiltigheim (1.2 km vom Schiltigheimer Thor). (In Schiltigheim sind verschiedene gute Gasthöfe, welche von den Strassburgern sehr besucht werden, so der „Bavaria-Keller", das „Rote Haus", die Schankstellen des „Weissen Hahn" von Marx u. s. w.). In Schiltigheim, rechts durchs Ried bis zum Rhein-Marne-Canal (1 km), diesen entlang an Bischheim vorbei bis Hönheim (2,3 km) und von da mit der Strassenbahn zurück nach Strassburg. Von Bischheim rechts Strasse nach dem „Englischen Hof" und zur Ill, gegenüber Fuchs am Buckel. In Bischheim geht man an der Strassenbahnstation die Strasse links bis zur Ill. Dort wo das Gasthaus „Zum Schiff" von Phario liegt, ist eine neue Brücke angelegt worden. Beim Gasthaus „Zum Schiff" ist eine Badeanstalt gelegen. Ueber die Brücke nach Ruprechtsau. Die neue Brückenstrasse endigt dort in der Wanzenauerstrasse.

Mit der Strassenbahn bis Hönheim (15 Pfg.), von dort rechts Strasse nach Wanzenau (7 km) und mit der Reichseisenbahn zurück, oder durch Wanzenau über die Illbrücke durch den Wald am Fort Fransecky über den Rheindamm, am Fuchs am Buckel und an dem Bussièreschen Schlosse vorbei nach Ruprechtsau bis zur Kirche (9,7 km). von dort Strassenbahn bis Strassburg (15 Pfg.).

Von Hönheim nach Suffelweyersheim (1,9 km) rechts bis zur Staatsstrasse (1 km) und dieser nach am Fort Moltke vorbei nach Reichstett (1,8 km), von dort wird mit Benutzung eines schönen Feldweges (1 km) der Rhein-Marne-Canal erreicht, über denselben zum Bahnhofe Mundolsheim, von wo Rückfahrt nach Strassburg mit der Reichseisenbahn.

Bemerkenswert ist in Schiltigheim die grosse Fabrik für Bierbrauereigegenstände, Maschinen, Pumpen, Kessel u. s. w. von Quiri & Cie. und in Bischheim die grosse Maschinenwerkstätte der Eisenbahnen in Elsass-Lothringen. die nicht weit von der Eisenbahnstation Bischheim liegt und von vielen Arbeiterhäusern umgeben ist.

Suffelweyersheim ist durch seine Senfpflanzungen berühmt. Alljährlich kommen dorthin Reisende aus Bordeaux und kaufen den roten Senf auf, der angeblich zur Weinfabrikation dienen soll. Am 29. Juni 1815 wurde das Dorf durch die Württemberger zerstört. Inschriften an den Häusern erinnern an diesen Schreckenstag. Reichstett gehörte früher der Landvogtei Hagenau.

Von Hönheim am Rhein-Marne-Canal entlang nach Vendenheim (5.7 km) und weiter zum Brumather Wald (sehr hübsch) bis nach Stephansfeld. Von dort mit der Reichseisenbahn zurück nach Strassburg.

In Vendenheim und Brumath wurde von jeher viel Viehzucht getrieben, wozu die vielen Wiesen Anlass gaben. Die Viehzucht kam aber anfangs dieses Jahrhunderts dort zurück und der Hopfenbau beschäftigte die Bewohner immer mehr. Der grösste Teil der Wiesen zwischen Brumath und Vendenheim ist Eigentum der Rebbauern aus den Hausbergen, der Bauern von Lampertheim, Reichstett, Suffelweyersheim, Mundolsheim, Wolfisheim u. s. w.

Das Kloster Stephansfeld und der Brumather Wald wurden schon früher genannt. Das Kloster gehörte dem Heiligengeist-Orden und soll durch Landgraf Stephan zu Elsass, der von Geburt ein Graf von Egisheim war und dessen Sohn der nachherige Papst Leo VIII. wurde, gestiftet worden sein. Die Stadt Brumath ist von den Römern gegründet worden. Beatus Rhenanus meldet, dass Brumath zur Römerzeit den Namen Brocomagus oder Breucomagus geführt habe. In dem Kloster zu Stephansfelden waren viele berühmte Leute begraben. Hertzogs Chronik vermeldet über einen Ueberfall des Klosters das Folgende:

„Anno 1418 auff S. Bartholomeustag nach Mittag, zwischen einem und zweien, da ward der Messtag zu Steffanfelden überfallen von Gerhardt Schauben vnnd Böss Heinrichen von Siefers vnnd hatten wol auff 500 Pferdt vnnd vermeinen allda zu finden, der Statt Strassburg Leutt vnd diener. Also zogen sie für das Closter vn thaten grossen schaden vnder des Reichs vnd andern frembden Leuten, die nicht von Strassburg waren, erschossen und erstochen in dem Closter vier Mann, die waren alle auss dem Reich, namen was sie funden, den Gerbern das Leder vnd den Kesslern die Kessel, sie zogen die Leut auss vnnd blünderten sie; die Reutter waren Graff Emichs von Leiningen."

Nahezu die gleichen Spazirgänge können auch

aus dem Schiltigheimer Thor

gemacht werden. In den Entfernungen liegt kein bemerkenswerter Unterschied. Gleich vor dem Schiltigheimer Thor das schöne Tivoli-Anwesen mit schattigem Park, Theater- und Concertsaal, Colonaden und Gesellschaftszimmern. Sehr angenehmer Aufenthaltsort im Sommer.

Vom Ruprechtsauer Thor.

Durch die Orangerie zum Ruprechtsauer Thor über den Rhein-Ill-Canal bis über die Gitterbrücke, gleich hinter derselben rechts einbiegen und dem Wasser entlang, durch die

Baumanlagen bis zu der von Ruprechtsau nach Schiltigheim führenden Landstrasse, dieser entlang zurück bis zur Canalbrücke beim Illbecken und durch die Seufzerallee am Tivoli vorbei, durch das Schiltigheimer Thor über den Contades nach Strassburg. (Vom Ruprechtsauer bis zum Schiltigheimer Thor 3,95 km.) Selbstverständlich kann dieser Spazirgang auch vom Schiltigheimer Thor in umgekehrter Richtung gemacht werden.

Am Rhein-Marne-Canal entlang vom Ruprechtsauer Thor aus bis nach Bischheim (2,3 km), nach Hönheim (0,9 km), nach Suffelweyersheim (1,9 km), nach Vendenheim (4,7 km), nach dem Brumather Wald und Stephansfeld, von da zurück mit der Reichseisenbahn (siehe Steinthor).

Durch Ruprechtsau (bis zur Kirche mit der Strassenbahn) nach dem Schlosse des Barons Renouard de Bussière (1,8 km).

Hier am Franzosencanal, auf dem linken Ufer, dem Fusspfad nach an zwei Brücken vorbei nach Fuchs am Buckel, dem beliebten Ausflugsort, dessen Wirtschaft sich in der letzten Zeit den neuen Anforderungen entsprechend sehr gebessert hat. Dieser Weg bietet viele Abwechslungen und ist etwa 2,5 km lang. Bei der dritten Brücke oder Steg über den Franzosencanal und dann den Weg durch die Wiesen nehmen.

Oder aber durch Ruprechtsau nach dem Schlosse des Barons Renouard de Bussière (1,8 km), von da den Feldweg rechts bis zum Rheindamm (0,3 km), den Rheindamm entlang bis zum zweiten Waldweg rechts (2,8 km), diesem nach, geradeaus nach Fuchs am Buckel — unterwegs Wegweiser — (1,6 km) und weiter der Hauptstrasse nach bis zur Kirche in Ruprechtsau zurück (3,1 km). Ein noch schönerer Weg nach Fuchs am Buckel findet sich, wenn man den Rheindamm noch weiter benutzt, bis dahin, wo er von dem Franzosencanal gekreuzt wird (1,1 km), dann am Franzosencanal (linkes Ufer) entlang nach Fuchs am Buckel. Schattiger Weg mit Ruhebänken. (Siehe Titelbild.)

Ruprechtsau
Protestantische Kirche.

Von Fuchs am Buckel kann auch der von uns schon beschriebene Ausflug nach Wanzenau, am Forsthaus Unterjägerhof vorbei, und sogar bis nach Gambsheim (Gasthaus „Zum Rindsfuss", gut) unternommen werden. Und ebenso führt ein Weg über den Rheindamm und ein Weg am Rhein vorbei nach Wanzenau. Von Fuchs am Buckel auch zurück durch den Wald bis zum Rheindamm, diesem nach in südlicher Richtung, an der Redoute Isack vorbei bis zum Rhein-Ill-Canal, demselben entlang bis zum Canalthor und durch die Orangerie zur Stadt zurück (7,3 km).

Wanzenau kommt als Vendelini Augia, Wendelinsau, Wantzenaugia 1398 und Wantzenau 1595 vor. Im Pfarrhofe wird ein Grabstein des am 6. Juni 1613 dort verstorbenen Ritters Wolfgang Diedrich Branschied aufbewahrt. In der Nähe von Wanzenau, das an der Ill liegt, fliesst dieser Fluss in den Rhein. Ackerbau und Viehzucht, aber auch Gänseund Hühnerzucht, namentlich letztere, beschäftigen die Bewohner. Die Wanzenauer Hühner sind in ganz Deutschland als gute Leghühner bekannt. Wanzenau wurde in früheren Kriegen nicht weniger wie 5 mal geplündert und verbrannt. Auf der andern Seite des Rheines liegt das badische Dorf Honau. Zwischen diesem und der Wanzenau lag auf einer Rheininsel das Kloster Honau. Dieses, ein sogenanntes Schottenkloster, dessen Aebte den bischöflichen Titel führten, wurde von Herzog Adalbert 720 gestiftet. Da der Rhein den grössten Teil der Insel wegriss und die Stiftsgebäude bedrohte, wurde das Kloster nach Rheinau und 1398 aus demselben Grunde nach Alt Sanct Peter zu Strassburg verlegt, nachdem es schon im 11. Jahrhundert in ein Chorherrenstift verwandelt worden war. Die Kirche in Wanzenau wurde 1825 erbaut.

Ueber den Namen der „Ruprechtsau" gibt Silbermann an, dass er einen Stammbaum gefunden der Edlen von Bock, der also beschrieben wird: „Ruprecht Bock, von welchem die Ruprechtsau bei Strassburg ihren Namen bekommen, in welcher er seinen adeligen Sitz gehabt und 20 Kinder besessen im Jahr 1200 mit seiner Gemahlin Suhildis von Königshoffen." Ruprechtsau wurde von grossen Wassern in den Jahren 1421, 1424, 1480 und 1565 arg heimgesucht.

Vom Canalthor, Kehler Thor und Citadellenthor.

Durch das Canalthor können die vorher bezeichneten Ausflüge ebenso leicht wie durch das Ruprechtsauer Thor gemacht werden.

Vom Canalthor über die Brücke des Rhein-Illcanals, am Canal entlang, an der Rheinschleuse verbei, zum Einfluss des kleinen Rheines in den Rhein (1,2 km), dann am Rheinufer entlang und zurück. Oder bei der Schleuse über den Canal, dem Ufer des kleinen Rheins entlang bis zur kleinen Rheinbrücke (1,7 km), dann zum Kehler Thor oder zum Citadellenthor oder mit der Strassenbahn nach Strassburg zurück.

Vom Kehler Thor und dem Citadellenthor können diese Spazirgänge gleichfalls unternommen werden.

Vom Canalthor, bei der Schleuse mit Fähre über den Verbindungscanal, an diesem entlang bis zum Kehler Thor oder immer am Canal entlang nach Strassburg zurück.

Vom Kehler oder Citadellenthor bis zur Rheinstrasse, diese benutzen bis zur Sporeninsel; links der Strasse befinden sich Anlagen im Walde, rechts das Desaix-Denkmal und der Schiessplatz des Strassburger Schützenvereins.

Der Rheinstrasse folgend nach Kehl. Bei der Rheinbrücke liegt die „Rheinlust", ein schönes grosses Restaurationsanwesen mit Concertsaal und hochgelegenem Garten, von welchem Ausblick nach Kehl, auf den Rhein und nach dem Schwarzwald sich darbietet.

Wir wollen hier noch die Fahrt mit der Strassenbahn von Rheinbrücke Kehl bis zum Metzgerthor kurz erwähnen.

Für die in der Richtung Bühl-Kehl-Strassburg kommenden Fahrgäste möge zunächst die Nachricht dienen, dass die Strassenbahn zur Vermittelung des Strassenbahnverkehrs

Rheinlust.

einen Omnibus zwischen Station Kehl und Station Rheinbrücke der Strecke Metzgerthor-Rheinbrücke (Rheinlust) fahren lässt.

Bei der Ueberfahrt über die Schiffbrücke sieht man rechts die feste Eisenbahnbrücke liegen, welche die Staaten Baden und Frankreich 1861 erbauen liessen. Im Jahre 1870 wurde im Krieg der zwischen dem Landpfeiler Kehl und dem ersten rechten Flusspfeiler liegende Teil der Brücke durch badische Truppen gesprengt.

Links der Schiffbrücke sieht man bei niederem Wasserstande verschiedene Pfahlreste, welche von den früheren Jochbrücken, die vom Festlande über die Rheininseln zur ehemaligen Festung Kehl führten, herrühren.

Links der Rheinbrücke das erwähnte grosse Restaurationsanwesen „Rheinlust". Die rechts der Strasse gelegenen Gebäude dienten dem früheren französischen Grenzzollamte. Zur Zeit ist in denselben ein Amt für die Uebergangssteuer errichtet.

Bei der Fahrt mit der Strassenbahn nach Strassburg-Metzgerthor (alle 20 Minuten) erblickt man rechts und links den tiefliegenden von Gräben durchzogenen Niederwald. Rechts vor der Eisenbahnunterführung Weg zum städtischen Rennplatze, der mit drei Tribünen und einer Rennbahn von 1780 Meter Länge ausgerüstet erscheint. Links das Denkmal des am 14. Juni 1800 in der Schlacht bei Marengo gefallenen Generals Desaix, der im Jahre 1796 die französische Besatzung führte, als dieselbe den Rheinübergang gegen die Oesterreicher verteidigte. Bald erscheint der kleine Rhein, der Strassenbahnzug fährt über eine hölzerne Brücke und erreicht bald die Strasse zur Citadelle (hier die berühmte und gute Wirtschaft „Zum Rheinfischer". Fischessen, guter Wein und Bier), die sich rechts mit ihren neuen Casernen zeigt. Rechts erscheint in der Stadt der neue Wasserturm, das Münster und das Hospital. Ausblick auf die Stadt. Dann erblickt man den neuen Zufuhrcanal für die grossen Rheinschiffe mit dem für dieselben eingerichteten Kehrhafen. Links wird Neudorf mit seinen beiden neuen Kirchen sichtbar. Kurz vor der Einfahrt in die Stadt Ausblick auf den neuen Handelshafen. Der Strassenbahnzug hält am Metzgerplatz. Mit dem Stadtwagen der Strassenbahn zum Kleberplatz, wo viele schöne Geschäfte, so die Militäreffectenhandlung Mohr & Speyer, die Nähmaschinenfabrik von Neidlinger (Singer) und der Gasthof „Zum Roten Haus" sich zeigen. Hier münden alle Strecken der Strassburger Strassenbahn.

Von Kehl aus lassen sich Ausflüge nach Sundheim, nach Neumühl, nach Kork und Willstätt (mit der Bahn von Kork nach Strassburg zurück), nach Auenheim und weiter nach Querbach, und soll der Spazirgang noch weiter ausgedehnt werden, nach Bodersweier, nach Leutesheim (durch Auenheim) und Honau, nach Linx (durch Bodersweier) oder Zierolshofen machen. Ueberall führen schattige Landstrassen zu den genannten Ortschaften hin. Nach Sundheim und in nördlicher Richtung nach Auenheim kann der Rheindamm und zwar südlich bis Marlen und Goldscheuer, nördlich bis Honau und Diersheim, benutzt werden. Die Strassenbahn Kehl-Auenheim-Rheinbischofsheim-Lichtenau-Bühl beginnt bei der Rheinbrücke. (Siehe dieserhalb des Verfassers „Wanderungen durch das Hanauerland".)

Besondere Schönheiten bieten die — leider viel zu wenig gekannten und benutzten — Spazirgänge im Rheinwalde. Man kann dieselben sowohl von der Kehler Landstrasse aus (Weg zum Ochsenwörth und städtischen Wasserwerk) als über Neudorf (Weg über die Musau zum städtischen Wasserwerk) oder Neuhof antreten. Vom Altenheimer Hof aus kann man, allerdings nur bei niedrigem Wasserstande, hart am Rhein vorbei bis zum kleinen Rhein gelangen und diesem entlang wieder zur Kehler Landstrasse kommen. Oder man geht auf dem Rheindamm am Bauerngrund, Hackmessergrund und der Ruchau vorbei bis zum städtischen Wasserwerk, dort rechts ab über den überbrückten Napoleonsrhein und dann am kleinen Rhein vorbei der Kehler Landstrasse zu.

Die Strecke vom Ochsenwörth bis zur Ruchau (nur Sonntags wegen des Schiessens zu benutzen) ist eine eigenartige, etwas melancholisch angehauchte Landschaft. Viele Weiden, die einen graugrünen, blassen Schimmer in die Landschaft bringen, der mit dem grünlichgrauen Tone der Nebenwässer des Rheines stimmungsvoll harmonirt. Niederwald, hier und da ein alter hoher Baum; denkbar grösste Einsamkeit; sehr viel Wasser, überall kleinere und grössere Inseln. Wer Schützenbergers Bilder von den Rheininseln kennt, der sieht auf diesen Spaziergängen, wie ausgezeichnet dieser elsässische Meister die Stimmung und den Charakter dieser Landschaften zu treffen wusste. Auch des Weges sei nochmals freundlich gedacht, der rechts vom Forsthaus Oberjägerhof bis zum Schwarzwasser und von dort zum Forsthaus Fasanengarten führt.

Was nun die jenseits des Rheins liegenden Ortschaften betrifft, so wollen wir hier deren Geschichte und Sehenswürdigkeiten kurz in der Reihenfolge aufführen.

Die Stadt Kehl, am Rhein, der Kinzig und an der Schutter gelegen, ist nicht so alt wie Dorf Kehl, welches schon 1270 als Ueberfahrtsort „Käule, Kayl, Käl" erwähnt wird. Das Dorf kam 1299 zum 4. Teil mit Suntheim und Iringheim als geroldseckisches Pfandlehen an die Böcklin zu Strassburg. 1347 besass Ritter Klaus von Gronstein eine Hälfte und Klaus Zenzelin mit seinem Bruder ¹/₄ ebenfalls als Lehen. Später ging ein Teil des Dorfes an das Domstift zu Strassburg. 1370 wurde hier eine Schiffbrücke und 1388 unter Benutzung von Rheininseln eine Jochbrücke gebaut. In allen Kriegen am Oberrhein der wichtigste Pass, wurde Kehl 1678 und 1797 von den Franzosen gänzlich zerstört. Ein in Dorf Kehl (hier als vorzüglich das Gasthaus „Zur Post" zu erwähnen) vorhanden gewesenes Schloss Borneck wurde im XVI. Jahrhundert durch den Rhein fortgerissen. Stadt Kehl wurde am 19. und 24. August 1870 durch die Franzosen von der Citadelle Strassburg aus zerstört. Bis 1814 war Kehl eine Festung. von da an bis 1870 hatte es nur Brückenkopfbefestigung.

Auenheim wird 888 und 961 als Owanheim in Urkunden erwähnt und 1429 verbrannt. Patronat und Zehnt gehörten früher zu Alt St. Peter in Strassburg. Grosser Fischereibetrieb.

Leutesheim. Das Dorf hatte 1229 mit seinem Zehntherren. dem Kloster Hanau, Streit. Später kam das Zehnt an das Collegialstift St. Leonhard zu Oberehnheim. Es gehört zur Herrschaft Hanau-Lichtenberg.

Linx gehörte zur gleichen Herrschaft. Die Kirche ist 1619 gebaut. Grosser Tabakbau.

Bodersweier, 884 als Bothalaswilare aufgeführt, wurde 1429 von den Strassburgern zerstört. Die Pfarrkirche ist 1616 von dem Grafen Reinhard von Hanau-Zweibrücken erbaut worden.

Querbach, gehörte ehemals der Hanau-Lichtenberger Herrschaft an. 1429 wurde dasselbe von den Strassburgern niedergebrannt.

Neumühl hiess 1357 „zu der neuen müle" und gehörte der gleichen Herrschaft an.

Kork, früher Chorcho, welches 930 durch Kauf an das Bistum Strassburg kam. Das Patronat und der Zehnt war dem Kloster Eschau, später dem Domstift Strassburg. 1802 kam Kork an Baden. Bis 1881 war Kork Amtsstadt. Hier wurde der russische General Oppermann geboren.

Willstätt, 1726 als Gwilesteti als Eigentum des Klosters Honau genannt. In einer alten Strassburger Chronik heisst es: Wilstett ligt ein Meil Wegs von Strassburg, aber über Rhein, auf Germanier Boden in der Mordnaw, so man jetzt die Ortenaw zu nennen pfleget. Gehört den Herren Graffen von Hanaw-Liechtenberg. Hatte vor dem jetzigen Teutschen Krieg ein feines Schloss vnd schöne Mühlen allda. Aber Anno 1632 den 20. Februarii haben des Obristen von Ossa Soldaten allda sehr vbel gehauset, die Mühl, Schloss und

Häuser ausser 40 angesteckt, darbey auch viel Leut umkommen sein. In dem Krieg der Statt Strassburg mit ihrem Bischoff Walthern von Geroltzeck, belägerten die Strassburger auch dieses Stättlein, so selbige Zeit gar wol gebawet vnnd den Strassburgern grosser Schad darauss geschehen war; welches sie gewonnen und zerbrochen haben vnd starb gedachter Bischof anno 1263 noch in wahrender Unruh.

In dem Anhang zur Topographia Alsatiae von Zeller findet sich folgender interessanter Eintrag:

Wildstätt, Wilsett, Wilstädt, dess Herren Hans Michel Moscherosch, der sich selben Philandern von Sittewald genannt hat, Vatterland. — Ward hernach noch weiters von vnderschiedlichen Parteyen vnnd darunter den 10. Apr. anno 41 vom Generaln Gill de Haas, mit accord.; anno 43 den 29. Augusti vom General Johann de Werth und dann anno 45 von Generalmajor von Erlach eingenommen. Und ist darüber nach und nach das Stättlein sambt dem schönen Gräflichen Schloss und weyland berühmten Mühl abgebrandt und in Grund verderbt worden.

Moscherosch schrieb darüber am Schluss eines Gedichts:

> Das Haus darinnen ich an diese Welt gebohren,
> Das ist durch Schnauberey im Fewer vnd Rauch verlohren.

Rheinaufwärts finden wir, wenn wir den am rechten Ufer des Stromes sich hinziehenden Leinpfad folgen und die Annexe Sundheim links liegen lassen, zunächst Marlen (4,0 km), ein reiches Dorf, in dem Kraut- und Tabakbau betrieben wird. 1,9 km weiter kommt Goldscheuer zum Vorschein, ein kleines Dorf. Von Marlen nach Eckartsweier und Hesselhurst, von da über Willstätt nach Station Kork. Lohnende Wege.

Und nun noch einige Notizen über unser Strassburg selbst. Da sind zunächst empfehlenswert:

Gasthöfe: „Zur Stadt Paris", grösster, feinster und bester Gasthof, in der Meisengasse, in der unmittelbaren Nähe des Broglieplatzes (Absteigequartier des Grossherzogs von Baden und anderer Fürsten etc.); „Hotel National" und „Hotel Pfeiffer" (mit Bierstube und Altdeutscher Weinstube) am Bahnhofplatz; „Europäischer Hof" in der Blauwolkengasse; „Gasthof zum Roten Haus", Kleberplatz, zu empfehlen; „Englischer Hof" am Pariserstaden; für bescheidenere Ansprüche „Zur Stadt Basel" am Metzgerplatz und „Rebstock" am Gerbergraben. Am Bahnhof noch verschiedene grössere und kleinere Gasthöfe.

Restaurants: Feyppel (Bahnhofsrestaurant), hochfein; Valentin, altrenommirtes Haus, am alten Weinmarkt 50; Leopold in der Neukirchgasse; Türk am Metzgerplatz; Germania am Dietrichstaden; Schmutz in der Züricherstrasse in der Nähe der Tabakmanufactur; Strüssel bei der grossen Metzig, der Ostmarkthalle gegenüber; Restauration „Zum Münster", Münsterplatz.

Cafés: Steindl's Wiener Café am Broglieplatz, Hahn's Wiener Café am alten Fischmarkt, Café „Zur Meise" in der Meisengasse.

Weinstuben: Jean dit Carolis in der Züricherstrasse, „Zum heiligen Grab" in der Goldschmiedgasse (versteckt in einer Landesproductenhandlung en détail, sehr gute reine Weine), Wolxheimer Weinstube, Bruderhofgasse 29 bei Holtzmann, bei Graff im Finkweiler, „Zur Meise" bei Rheinbold in der Meisengasse.

Bierwirtschaften: „Zum tiefen Keller" (Pschorrbräu) in der Kinderspielgasse, „Luxhof" in der Luxhofgasse in der Nähe des Broglieplatzes, „Münchener Kindl" in der Brandgasse, „Piton" am Kornmarkt, „Spatenbräu" am Eisernenmannsplatz. Diese nur Münchener Bier. „Krokodil" in der Schlauchgasse und „Germania" am Universitätsplatz (Münchener und Pilsener Bier), Taverne, Alter Kornmarkt (Gruber), Conrad am Spitalplatz, „Stadt Paris", Bruderhofgasse, „Adelshofer Bräu" Studentengasse, „Restauration Ferber", Alter Weinmarkt; „Zum goldenen Rössel", Kinderspielgasse; Bierhalle „Zur Strassenbahn, gegenüber der

Rabenbrücke; „Zur Hoffnung", Steingasse, Ecke Kalbsgasse. Diese nur Strassburger Bier.

Gartenwirtschaften: „Luxhof", „Tivoli", leicht zu erreichen durch den Contades vor dem Schiltigheimer Thor, „Rheinlust", „Rheinfischer" bei Schmutz am kleinen Rhein (Fischessen sehr gut), „Bäckehisel" bei der Orangerie, „Fuchs am Buckel" in der Ruprechtsau an der Ill, in der Nähe des Forts Fransecky, „Zoologischer Garten" bei der Orangerie.

Milchwirtschaft: „Zur Butterblume" in der Spiessgasse.

Cigarren und Tabak: Otto Beyer, Luxhofgasse, Alter Fischmarkt und Küssgasse.

Theater: „Stadttheater" am Broglieplatz, „Thalia-Theater" (Variétés) in der Kinderspielgasse.

Im Sommer: „Tivoli-Theater".

Post- und Telegraphenämter: Am Münster, am Pariserstaden, am Bahnhof, im Finkweiler, in der Germania am Dietrichstaden.

Banquier: C. Schwarzmann, Münstergasse.

Polizei-Direction: Brandgasse.

Stadthaus: ebendaselbst.

Droschken: Innerhalb der Stadt 75 Pf., nach den Vororten etc. Taxtabelle im Wagen.

Strassenbahnen: Dampfstrassenbahnen nach Markolsheim (3 Stunden), nach Truchtersheim (1 Stunde), nach Königshofen alle 20 Minuten, nach Eckbolsheim-Wolfisheim jede Stunde, dann alle 20 Minuten nach Schiltigheim, Bischheim-Hönheim, nach Ruprechtsau, nach Kehl (von da nach Lichtenau-Bühl); jede ½ Stunde nach Neudorf; jede Stunde nach Neuhof.

Strassenbahnen in der Stadt: 10 Pfg.

Kurze Spazirgänge im Innern der Stadt zu den verschiedenen Sehenswürdigkeiten, alle vom Kleberplatz aus. Auf dem Kleberplatz die Grabstätte des Generals Kleber mit dem Denkmal, dann Hauptwache im Aubettegebäude.

1) Rechts durch die Gewerbslaubenstrasse (Laubengang) zum Gutenbergplatz; hier Denkmal Gutenbergs, 1840 errichtet, und rechts das frühere Rathaus, jetzt Sitz der Handelskammer (Renaissancestil, 1582—85 erbaut. Weiter vom Gutenbergplatz links durch die Krämergasse zum Münster, geöffnet von 8—12 und 2—6, hier besichtigen astronomische Uhr (um 12 Uhr 29 Minuten). Langhaus mit der Kanzel, Seiten-Capelle, die Portale, Aufstieg von der Südseite aus zur Plattform (15 Pfg.). Nordwärts des Münsters der altertümliche, letzthin neu hergerichtete Bau „Haus Kammerzell" (1465—1579). Am Domplatz die Post. Daneben auf dem Schlossplatz das Frauenhaus mit der Dombauhütte (1571), weiter ostwärts das vom Cardinal Rohan erbaute Schloss (1731), früher Bischofssitz, dient jetzt der Universitäts- und Landesbibliothek. Auf der Ostseite des Platzes das Gebäude des Lyceums, zu dem Bruderhof gehörig, welcher sich als östliche Fortsetzung des Münsterbaues in der Bruderhofgasse zeigt und dem Priesterseminar dient. Die von dem Priesterseminar benutzten Gebäude hängen mit dem Münster zusammen. Ausser dem erwähnten altertümlichen Kammerzellschen Hause besitzt Strassburg noch verschiedene alte Häuser, die noch Kunde geben von der eigenartigen Bauart, welche im Mittelalter grade in Strassburg üblich war. Jedoch ist das Kammerzell'sche Haus das älteste von allen. Es finden sich noch altertümliche Häuser in der Krämergasse, Barbaragasse, am Zixplatz bezw. am Mühlencanal (sehenswert) Ausgang des Gerbergrabens, gegenüber dem Kleinen Frankreich, am Schiffahrtscanal, in der Pergamentergasse, Ausgang der Judengasse, am Stephansplan, in der Goldschmiedsgasse, am Ferkelmarkt, im Goldgiessen u. s. w.

2) Vom Kleberplatz zum Gutenbergplatz, dann rechts durch die Schlossergasse zur Thomaskirche, im XIV. Jahrhundert erbaut, mit dem Mausoleum des Marschalls Moritz von Sachsen, der dort begraben ist. Eines der sehenswürdigsten Denkmäler des Elsass. In der Seiten-Capelle verschiedene Grabsteine. Von dort links über die Thomas-

brücke, von wo aus rechts am Wasser das alte Münzgebäude, jetzt Finanzministerium und Steuerdirection, erscheint, zum Finkweiler. Das sich dort zeigende grosse mehrstöckige Schulgebäude steht auf der Stelle, wo das Geburtshaus der Urgrossmutter Kaiser Wilhelms I., Karoline von Hessen-Darmstadt, der Rappoltsteinerhof gestanden hat. Dahinter der sogenannte Judenhof, ein Mischmasch alter Baulichkeiten. Von dort, den Staden nordwärts, an der minder sehenswerten St. Ludwigs- und St. Nicolaus-Kirche, sowie am Rabenhof, wo Friedrich II. 1740 Absteigequartier nahm, vorbei bis zur Wilhelmerkirche, die 1300 erbaut wurde. Sie besitzt schöne Glasgemälde und alte Grab-Denksteine. In unmittelbarer Nähe Tabakmanufactur und der Züricherbrunnen (Fischartdenkmal), sehenswert, sowie das Haus „Wo der Fuchs den Enten predigt". Weiter nordwärts am Germaniagebäude vorbei zu den neuen Universitätsgebäuden. Gegenüber neue Universitätsbrücke, sehenswert. Dann weiter durch die Ruprechtsauer Allee (Bäckehiesel) zur Orangerie, dem prachtvollen städtischen Garten. In der Nähe Zoologischer Garten. Mit der Strassenbahn zurück bis zur Königsstrasse (Bezirkspräsidium). Dann der Königsstrasse entlang bis zum Kaiserplatz. Links jenseits des Wassers Statthalterpalast. Am Kaiserplatz das neue Landesausschussgebäude, die neue Universitäts- und Landesbibliothek und der Kaiserpalast. Hinter diesem die Kreisdirection und die neue Jung Sanct Peterkirche, Kuppelbau (katholisch). Hinter dieser Kirche durch die Heeresstrasse zur Manteuffelkaserne. Ueber den Kaiserplatz durch die Kaiser-Friedrichstrasse zum Contades, einem schönen Park, weiter durch das Schiltigheimer Thor zum „Tivoli".

Vom Kleberplatz-Gutenbergplatz durch die Schlossergasse, geradeaus durch die Münzgasse, Grosse Spitzengasse zum Zixplatz, weiter durch die Pflanzbadgasse zu den Gedeckten Brücken. Links die alten Türme der früheren Festungs-Erweiterung. Ueber die Brücke durch die Eisgrubenstrasse zum Diakonissenhaus. Gegenüber in der Elisabethengasse das Landesgestüt. An der Spitalwallstrasse die neuen Kliniken der Universität, an dem Hospital vorbei zum Hospital-Thor (alter Festungsturm mit Spuren eines Madonnenbildes, der im Volksmunde der Kalenderturm heisst). Durch das Thor zum Hospitalplatz. Hier Hospital und Stadtbibliothek. Dann durch Goldgiessen zur Abfahrtsstelle der Strassenbahn nach Markolsheim und zur Rabenbrücke (Strassenbahn). An der Rabenbrücke Ostmarkthalle mit dem städtischen Gewerbemuseum. Weiter zum Alten Fischmarkt. Hier in dem Hause Nr. 36, das durch ein Medaillon mit Reliefbild Goethe's geziert ist, wohnte von 1770—71 Goethe, der damals die hiesige Universität besuchte.

Von den Gedeckten Brücken rechts über die Schlachthausbrücke, am Bezirksgefängnis vorbei zum Schlachthaus und zum städtischen Viehhof (Hafenbahn und kleiner Hafen).

Vom Kleberplatz über den Hohensteg (Gewerbehalle des Gewerbevereins) durch die Nussbaumgasse, Kleberstaden (Westmarkthalle mit der städtischen Gewerbehalle, Amtsgericht, Börse und Versteigerungssaal), Kronenburgerstrasse, Kuhngasse zum neuen Bahnhof (Strassenbahn). An der Westmarkthalle Ausgangspunct der Strassenbahnen nach Truchtersheim, Königshofen und Wolfisheim.

Vom Kleberplatz durch die Meisengasse, Blauwolkengasse (Festungsgouvernement), Jung Sanct Peterplatz (dort die älteste Kirche Strassburgs, die Jung Sanct Peterkirche), durch die Steinstrasse zum Hagenauerplatz (israelitisches Spital). Abfahrtstelle der Strassenbahn nach Schiltigheim-Bischheim-Hönheim.

Vom Kleberplatz durch die Meisengasse zum Broglieplatz (Stadthaus, Stadttheater und Militärcasino). Weiter am Theater vorbei, über die Theaterbrücke links dem Wasser entlang bis zum Civilcasino (dort Brücke über den Illcanal, im Bau begriffen).

Mit der Strassenbahn zur Königsstrasse. Ueber die Königsbrücke, den Nicolausring, Akademieplatz zum Akademiegebäude, hier naturhistorisches Museum und Kunstgewerbeschule. Weiter durch die Akademiestrasse, über den Nicolausplatz an der Ulanen- (Nicolaus-) Caserne vorbei, der Esplanadengasse folgend über die Esplanade zur Citadelle mit dem Pionierdenkmal 1870/71. Vom Nicolausplatz durch die Feggasse, Tränkgasse zum Militärlazarett.

Weitere Sehenswürdigkeiten: Lezai-Marnesia-Denkmal beim Theater. Waisengasse Nr. 4, ehemalige Wohnung des Prinzen Louis Napoleon vor dem Strassburger Putsch. Generalcommando in der Brandgasse. Geburtshaus des Königs Ludwig I. von Bayern (Denkmal am Broglieplatz). Weiter daneben (Nr. 15) der Dettlingische Hof mit einer zum Andenken an den Kurprinzen Carl Emil von Brandenburg errichteten Gedenktafel aus schwarzem poliertem Syenit. Die Tafel ist umgeben von den Emblemen des kurfürstlichen Hauses in rotem Vogesensandstein gemeisselt und trägt in Goldlettern die nachstehende Inschrift:

„Hier im früher Sturmischen
damals Dettlingischen oder Manteufflischen Hofe
Starb d. 7. Dez. 1674
der Kurprinz Karl Aemil
Sohn des Grossen Kurfürsten
von Brandenburg."

Die Anbringung dieser Tafel ist von dem Kaiserlichen Statthalter Fürsten von Hohenlohe angeordnet worden.

Botanischer Garten bei der Universität. Ehemaliger botanischer Garten mit Grabmal für die 1870/71 gefallenen Bürger in der Akademiegasse, nicht weit von der Akademie entfernt. Kirche St. Stephan am Breiten Stein. Neue Kirche am Neukirchplatz. Proviantamt in der Schwarzwaldstrasse. Artillerie-Caserne am Metzgerplatz. Ehemaliges Kaufhaus an der Rabenbrücke. Bischöflicher Palast in der Pergamentergasse. Altes israelitisches Spital in der Elisabethengasse. Lehrerseminar ebendaselbst. Protestantisches Gymnasium am Studentenplatz. Lyceum am Schlossplatz. Katholisches Gymnasium (bischöfliches) am Breiten Stein. Realschule bei St. Johann am St. Johannesstaden. Neue Realschule in der Manteuffelstrasse. Loge in der Möllerstrasse.

Ausstellungen und Sammlungen: Kunstgewerbemuseum in der Ostmarkthalle. Gewerbehalle in der Westmarkthalle. Kunstarchäologische Sammlung im allgemeinen Universitätsgebäude. Städtische Gemäldesammlung ebendaselbst. Kunstmuseum (Kupferstiche, Sculpturen u. s. w.). Akademiegebäude, städtisches naturhistorisches Museum ebendaselbst. Ständige Kunstausstellung des Strassburger Kunstvereins am Hohensteg.

Märkte.

Gemüse-, Geflügel-, Eier- und Buttermärkte: Westmarkthalle am alten Bahnhof, täglich. Ostmarkthalle an der Rabenbrücke, täglich. Auf dem Neukirchplatz, täglich.

Obstmarkt: Auf dem Thomasplatz, Mittwochs und Freitags.

Kartoffelmärkte: Auf dem Verbrannten Hof, Mittwochs und Freitags, an der ehemaligen Zollhalle, Grünebruchstrasse, Mittwochs und Freitags.

Krautmarkt: In der Züricherstrasse, Mittwochs und Freitags.

Fischmarkt: Auf dem neuen Fischmarkt, Freitags.

Froschschenkelmarkt: In der alten Metzig, Freitags.

Schlachtviehmarkt: Im Schlachthofe, Montags und Mittwochs für Grossvieh, täglich für Kleinvieh.

Versteigerungsmarkt für Seefische: In beiden Markthallen, Mittwochs und Freitags.

Pferdemärkte: Auf dem Feuerwehrübungsplatz, am Steinring, jeden Mittwoch nach dem 15., mit Ausnahme der Monate December und Januar.

Gerümpelmarkt: An der Sebastopolstrasse, Freitags.

Christkindelsmarkt: Auf dem Broglieplatz, vom 18.—31. December.

Inhalts-Verzeichnis.

	Seite
Widmung	3
Vorwort	5
Spazirgänge vom Metzgerthor aus	7
Beschreibung des Wasserwerks Strassburg	17
Spazirgänge vom Hospital aus	19
Strassenbahn Strassburg-Markolsheim	19
Spazirgänge von den Gedeckten Brücken aus	27
„ vom Schirmecker Thor aus	28
„ „ Weissturmthor aus	37
„ „ Kronenburger Thor aus	39
Strassenbahn Strassburg-Truchtersheim	43
Spazirgänge vom Steinthor aus	49
„ „ Schiltigheimer Thor aus	51
„ „ Ruprechtsauer Thor aus	51
„ „ Canalthor, Kehler Thor und Citadellenthor aus	54